Magdalena Abakanowicz à Lausanne

Magdalena Abakanowicz à Lausanne

Sous la direction de
Magali Junet et Giselle Eberhard Cotton

Scheidegger & Spiess
Fondation Toms Pauli

Cette publication paraît à l'occasion de l'exposition
Magdalena Abakanowicz. Territoires textiles
au Musée cantonal des Beaux-Arts de Lausanne,
du 23 juin au 24 septembre 2023.

Sommaire

Préface

Quel meilleur choix que Magdalena Abakanowicz (1930-2017) pour inaugurer, sur le site de Plateforme 10, notre première collaboration avec le Musée cantonal des Beaux-Arts ? En effet, les premiers succès de l'artiste hors de sa Pologne natale sont intimement liés à l'histoire lausannoise des années 1960 ; c'est à Lausanne, lors des Biennales internationales de la tapisserie (1962-1995), que son œuvre novateur et inclassable sera découvert par le monde de l'art et que sa carrière internationale sera lancée.

Nombreuses sont les empreintes laissées dans notre région par Abakanowicz. Accueillie à Lausanne dès 1962 et soutenue pendant vingt-cinq ans par la galerie Alice Pauli, l'artiste est entrée dans de nombreuses collections privées et publiques, régionales et nationales. C'est ainsi que, grâce à de généreuses donations, dont celles d'Alice Pauli elle-même et celle des collectionneurs et mécènes Pierre et Marguerite Magnenat, notre Fondation compte aujourd'hui dans ses réserves cinquante œuvres de la créatrice, ce qui constitue le fonds le plus riche hors de Pologne.

Les détails, parfois intimes, de cette page d'histoire lausannoise n'ont jamais été publiés en français. Magali Junet, conservatrice de la Fondation Toms Pauli, les révèle aujourd'hui dans le présent ouvrage. Marta Kowalewska, conservatrice en chef du Musée central des textiles de Łódź, retrace pour sa part la formation, les influences et la carrière de l'artiste dans une Pologne à l'époque derrière le rideau de fer.

Le projet initial de l'exposition *Magdalena Abakanowicz* a été élaboré pour la Tate Modern à Londres par la conservatrice de la Tate Modern Ann Coxon et la commissaire indépendante Mary Jane Jacob. Il se concentre sur les années 1960-1985, période où l'artiste se consacre à la création d'œuvres textiles qui révolutionnent l'art de la tapisserie et font régulièrement sensation lors des Biennales de Lausanne. Il y a plusieurs années, les commissaires ont sollicité notre collaboration dans le cadre de leurs recherches préliminaires et ont évoqué l'éventualité d'une exposition à Lausanne après celle de Londres. L'ouverture du nouveau bâtiment du Musée cantonal des Beaux-Arts et l'installation de notre Fondation dans ses locaux en 2020 ont rendu possible cet important événement artistique.

À Lausanne, l'exposition propose un accrochage de près de huitante pièces dont la moitié fait partie de la collection de tapisseries de l'État de Vaud, que notre Fondation gère depuis 2000. Les incontournables *Abakans* sont bien entendu à l'honneur dans cette nouvelle sélection. Ces monumentales sculptures souples de sisal, suspendues au plafond, sont entourées de plusieurs œuvres rares, visibles dans la seule étape lausannoise. En sus de plusieurs tapisseries et *Abakans* exposés du vivant de l'artiste, nous dévoilons également une série de collages et de dessins quasi inconnus du public.

Depuis la disparition de l'artiste en 2017, plusieurs expositions rétrospectives ont eu lieu en Europe. La première d'importance, *Metamorfizm*, a été organisée en Pologne en 2018 par le Musée central des textiles de Łódź. Notre Fondation a apporté son concours scientifique et prêté vingt-trois œuvres. Cette exposition n'a malheureusement pas pu être présentée à Lausanne, faute d'espaces adéquats pour l'accueillir. Nous sommes donc doublement heureux de pouvoir aujourd'hui faire redécouvrir cette artiste au public suisse dans une exposition que rend possible le partenariat avec la Tate Modern, le Henie Onstad Kunstsenter et le Musée cantonal des Beaux-Arts/Plateforme 10.

Giselle Eberhard Cotton
Directrice de la Fondation Toms Pauli

Fig. 2
Pièce Abakanowicz, villa La Printanière, Lausanne
Collection Pierre et Marguerite Magnenat, 2012

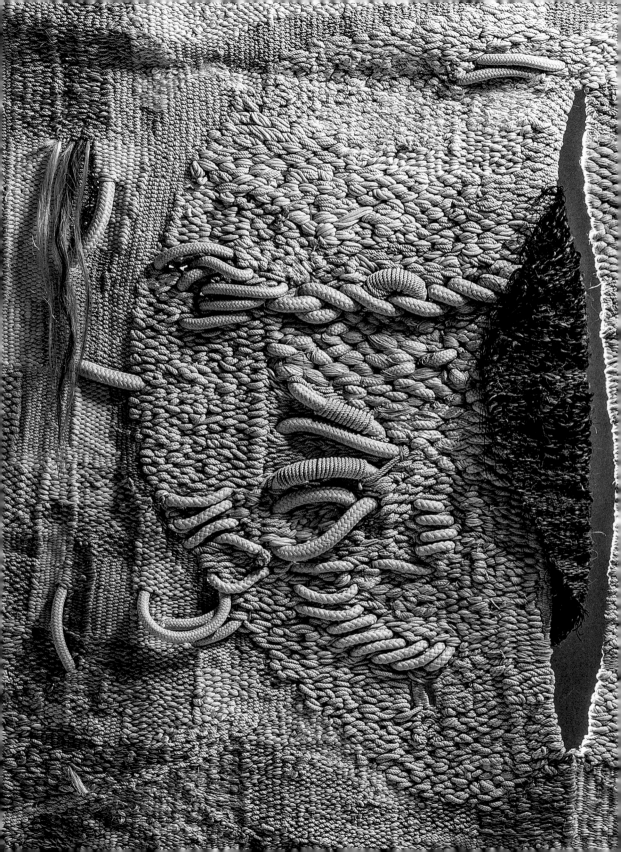

Introduction

Figure majeure de la sculpture moderne, Magdalena Abakanowicz (1930-2017) est célèbre pour ses formes tissées, ses environnements immersifs et ses remarquables sculptures publiques qui ont révolutionné le monde de l'art. Sa carrière décolle en 1962 grâce à sa participation, en compagnie de cinq autres artistes polonaises et polonais, à la 1re Biennale internationale de la tapisserie au Musée cantonal des Beaux-Arts de Lausanne, une ville où son œuvre trouvera d'ardents défenseurs et des collectionneurs passionnés. Tout au long des années 1960 et 1970, elle imagine de monumentales sculptures tissées baptisées *Abakans* (en référence à son nom de famille). Se jouant des catégories, ces formes énigmatiques faites de fils et de cordes bouleversent alors les définitions de la sculpture.

Le fait que Magdalena Abakanowicz ait créé ses *Abakans* derrière le rideau de fer ne desservira nullement sa renommée internationale. Ses préoccupations de l'époque ne font pas seulement écho aux idées radicales de la fin des années 1960, elles préfigurent également bien des problématiques auxquelles notre monde actuel est confronté. Forcée de composer avec des ressources limitées, Abakanowicz formule ses propositions artistiques en utilisant les matériaux à sa disposition : des fibres végétales et animales. Dès lors, ses travaux ne cessent de nous révéler leurs potentialités matérielles et métaphoriques. Ils nous rappellent que tout individu est intégré à des écosystèmes plus vastes et que l'évolution biologique nous conditionne tout autant que les catastrophes d'origine humaine que sont la guerre et l'oppression politique. Cette rétrospective est consacrée à la première partie de la carrière de l'artiste. À la Tate Modern, l'exposition s'ouvrait sur les premières peintures et les premiers tissages d'Abakanowicz, réalisés après l'obtention de son diplôme à l'Académie des beaux-arts de Varsovie en 1954. Le relâchement apparent de la censure soviétique et des restrictions qui pesaient alors sur la pratique artistique en Pologne (le « dégel » post-stalinien) suscite une floraison d'expérimentations qui mêlent supports et techniques. L'Association des artistes polonais, soutenue par l'État et dont Abakanowicz est membre, encourage tout particulièrement les pratiques liées à l'artisanat d'art et à l'art populaire. L'artiste expérimente le design textile et la peinture sur tissu pour des projets de décoration d'intérieur, mais c'est le potentiel expressif du tissage qui la stimule en premier lieu. Ses premières œuvres portent les influences hétérogènes des déclinaisons polonaises de deux mouvements d'avant-garde, l'art informel (marqué par la matière) et le constructivisme (marqué par les concepts spatiaux et géométriques). À l'image des œuvres d'autres artistes de la Nouvelle tapisserie des années 1960 réunis sous l'appellation « école polonaise » ou des pays de l'Europe de l'Est, les pièces expérimentales d'Abakanowicz rompent avec le format rectangulaire du tissage. Elles tendent vers des formes organiques, suspendues dans l'espace, tissées par l'artiste elle-même dans une démarche improvisatrice qui consiste à travailler généralement sans carton ni modèle.

À la Tate Modern, un deuxième espace d'exposition restituait l'intérêt d'Abakanowicz pour le monde organique. Tout au long de sa vie, l'artiste a entretenu un rapport intime avec la matière naturelle, biologique, du vivant. Ainsi qu'elle le déclarait elle-même : « Je considère la fibre comme l'élément constitutif fondamental du monde organique de notre planète. [...] Tous les organismes vivants sont constitués de fibres, le tissu des plantes, les feuilles et nous-mêmes [...] nos nerfs, notre code génétique, les canaux de nos veines, nos muscles. [...] Nous sommes des structures fibreuses. » Des cornes d'animaux, des peaux, des coquilles, des cocons et d'autres objets exposés dans sa maison et son atelier lui servaient de source d'inspiration, quand elle ne les intégrait pas directement à ses œuvres en les associant aux fibres végétales et animales. Sa fascination pour la nature remontait à son enfance, lorsqu'elle vivait dans le manoir familial du XVIIᵉ siècle au fin fond de la forêt polonaise : « D'étranges puissances étaient tapies dans les bois et les lacs, propriétés de mes parents. Des apparitions, des forces inexplicables qui possédaient leurs propres lois et espaces... »

Nous avions placé au cœur de notre exposition une forêt en fibres composée d'une sélection des œuvres tissées les plus ambitieuses, les plus monumentales d'Abakanowicz. Incapables de déterminer s'il s'agissait de tissages ou de sculptures, les critiques de l'époque les avaient baptisées *Abakans*, en référence au nom de famille de l'artiste. À partir du milieu des années 1960, les œuvres d'Abakanowicz ont quitté les cimaises pour investir l'espace d'exposition, sous le nom de « situations » puis « d'environnements ». Cette évolution est à rapprocher d'une tendance de fond qui caractérise la pratique artistique d'avant-garde et du « champ élargi » de la sculpture à partir des années 1970, aboutissant à ce que l'on désigne aujourd'hui par le terme d'installation.

Cependant, la réflexion d'Abakanowicz ne se cantonnait ni aux problématiques formelles et structurales du tissage ni à l'expérience phénoménologique de la sculpture et de l'installation. Tout au long de sa carrière, elle s'est confrontée aux grands sujets de son temps, la guerre, les migrations, l'environnement, toujours mue par l'ambition de forger une véritable œuvre artistique. Cette ambition, elle l'exprimait distinctement dans son travail et dans ses écrits, même lorsqu'elle n'était encore qu'une jeune artiste associée au mouvement de la Nouvelle tapisserie. Ainsi affirmait-elle : « Le textile nous couvre et nous pare. Réalisé avec nos mains, il est une trace de notre âme […]. Mes formes changent avec le temps, comme mon visage. Elles constituaient une révolte contre les conventions du tissage [...]. C'était un cri de détresse face aux maux de la civilisation. »

À la suite de cet espace évoquant une forêt sombre et menaçante, nous avions installé un ensemble d'œuvres plus colorées de la même période, ainsi que des travaux qui explorent de diverses manières ce que l'artiste appelait une « anatomie inventée ». Le monumental et désormais emblématique *Abakan rouge* (1969) de la Tate (exposé, bien sûr, pour la première fois à la 4ᵉ Biennale internationale de la tapisserie de Lausanne) y côtoyait les deux poumons et leurs ramifications apparentes d'*Abakan janvier-février* (1972), ainsi qu'un groupe de formes ovoïdes de différentes tailles issues de la tentaculaire installation *Embryologie* (1978-1980), qui figure aujourd'hui dans les collections de la Fondation Toms Pauli comme de la Tate.

En plus de ces grandes pièces tissées, nous présentions une sélection de dessins réalisés par l'artiste à différents moments de sa carrière et qui donnent un aperçu de ses méthodes de travail, de son imaginaire singulier et de ses réflexions sur la matière.

Fig. 4
Magdalena Abakanowicz: Every Tangle of Thread and Rope, Tate Modern, Londres, 2022-2023
Abakan festival, 1971, *Abakan brun*, 1969, *Abakan rond*, 1967-1968, *Vêtement noir*, 1968, *Abakan brun IV*,
1969-1984, *Manteau brun*, 1968 (de gauche à droite)

Il faut rappeler qu'Abakanowicz tissait rarement à partir d'un carton ou d'un modèle. Le papier était pour elle un moyen d'expression à part entière, sous la forme de collages à la composition libre, d'études denses au fusain ou d'intenses dessins à l'encre qu'elle exécutait rapidement sur du papier mouillé. En 1970, elle a également produit un film expérimental, *Abakany*, en collaboration avec le réalisateur Jaroslaw Brzosowski. Au cours d'une séquence hypnotique qui semble se dérouler hors du temps et de l'espace, on voit ses *Abakans* transportés dans les dunes mouvantes de Łeba, en Pologne. Visible à la Tate Modern, le film permettait de se faire une idée des intentions de l'artiste et de son intérêt pour le potentiel artistique du fil et de la corde.

L'exposition s'achevait par une vaste frise chronologique qui explorait toutes les facettes de la carrière d'Abakanowicz. Cette frise occupait la dernière salle au côté d'*Anasta* (1989), une œuvre audacieuse, violente, réalisée à partir d'un tronc d'arbre coupé et qui fait partie de la série *War Games (Jeux de guerre)*. Cette pièce annonçait les évolutions ultérieures du travail de l'artiste et ses aspirations de sculptrice cherchant à dépasser le champ de l'art textile.

Nous sommes très heureuses de voir cette exposition faire halte dans des villes qui ont soutenu l'artiste de manière significative. L'étape lausannoise reprend les principales œuvres de l'exposition de la Tate en y adjoignant des pièces de la Fondation Toms Pauli et des références aux contributions d'Abakanowicz à la Biennale de la tapisserie, et au soutien décisif dont elle a bénéficié de la part de Pierre et Alice Pauli. Il y a une vraie cohérence à voir ses œuvres revenir à Lausanne pour cette exposition majeure, permettant ainsi de rendre hommage à l'héritage durable laissé par l'artiste et ses défenseurs.

Cette rétrospective et sa tournée ont pu être réalisées grâce au soutien généreux de l'Abakanowicz Arts and Culture Charitable Foundation (AACF) qui finance des travaux de recherche sur l'artiste et des projets qui prolongent son héritage ainsi que sa foi dans l'art comme langage visuel des cultures et comme force dynamique de la société contemporaine. L'AACF a contribué à l'ouverture du nouveau Musée cantonal des Beaux-Arts de Lausanne en 2019.

Ann Coxon, commissaire et conservatrice art international, Tate Modern
Mary Jane Jacob, commissaire indépendante

Fig. 5
Magdalena Abakanowicz: Every Tangle of Thread and Rope,
Tate Modern, Londres, 2022-2023
Abakan orange, 1971, *Embryologie*, 1981, et sans titre, 1971

Il est facile de suivre, mais il est inintéressant de faire
des choses faciles. Nous ne découvrons qui nous sommes
que lorsque nous prenons des risques, lorsque nous
nous remettons en question. Je recherchais le plus grand
risque : faire de l'art avec quelque chose qui n'est pas
considéré comme de l'art.

Magdalena Abakanowicz

Histoire d'un lien

À Alice Pauli (1922-2022)

Par l'originalité et la force de son expression, Magdalena Abakanowicz
(1930-2017) est reconnue aujourd'hui comme une artiste ayant marqué l'art du XXᵉ siècle. Son nom, associé à une œuvre puissante et
singulière, a participé aux avancées et aux transformations signifi-
catives de différents courants de l'art contemporain. L'artiste polonaise a bousculé les disciplines traditionnelles pour inventer un
langage pluriel qui lui a permis, pendant cinquante ans, de renou-
veler la forme de sa pensée plastique en conservant la trame d'une
vision personnelle traduisant l'universel. « Chaque fois que je peux
me passer de mon expérience antérieure, je le considère comme
un succès. Il y a trop de problèmes fascinants pour se confiner à
en traiter un seul. La répétition est contraire aux lois de l'intellect
en marche, contraire à l'imagination[1]. »

Évoluant au fil des périodes et de cycles de création dans des
domaines artistiques tels que la peinture, le tissage, la sculpture
et le dessin, Abakanowicz a sans relâche interrogé la conscience
de l'homme et son intelligence de l'art, en proposant des espaces
de contemplation et de réflexion, également de remise en question.

Paradoxalement, malgré de nombreux écrits et une correspondance abondante[2], elle n'a jamais véritablement donné à comprendre son travail mais en a souvent expliqué le lent et mystérieux processus. Elle a surtout revendiqué la nécessité d'aborder ses « situations dans l'espace », tissées, moulées ou sculptées, comme des territoires ouverts, proposant plusieurs angles de lecture et niveaux d'interprétation. À l'observateur de saisir ce qui lui convient de percevoir de la complexité et de la polyphonie de l'œuvre, de l'importance du matériau, du rythme et de la musicalité des compositions. Parce que la valeur primordiale d'une œuvre tient pour Abakanowicz dans l'indicible ; ceci peut-être en raison des épreuves qu'elle a traversées en Pologne : enfant pendant la Seconde Guerre mondiale, étudiante sous la doctrine du réalisme socialiste qui promeut les principes du communisme, artiste derrière le rideau de fer.

Énigmatique, la femme et artiste l'est presque autant que son œuvre. Dans les années 1980, elle est célébrée à l'échelle internationale comme une créatrice majeure de l'art contemporain et de la sculpture. À Tokyo, Canberra, Jérusalem, Chicago, Séoul, Paris, tous savent Abakanowicz sculptrice. Cependant, face à ses installations et environnements de dimensions monumentales exécutés en fer, en bronze ou en pierre, autant de matériaux immuables, les spectateurs n'ont pas tous conscience des débuts de l'artiste, à savoir de son premier intérêt pour le fil, sa flexibilité, sa vitalité, comme nouveau moyen d'expression. Abakanowicz n'évoque plus alors les vingt premières années de sa carrière, de Varsovie où elle exécute encore de grandes toiles peintes aux motifs organiques, à Lausanne où elle va endosser le rôle d'une pionnière, figure incontournable de la Nouvelle tapisserie. Son apport et son enseignement[4] exerceront une influence considérable sur des générations d'étudiants et d'artistes.

À Lausanne, ville d'accueil de la Biennale internationale de la tapisserie (1962-1995), Abakanowicz a marqué les esprits, connu le succès et gagné la reconnaissance de ses pairs en raison de la force d'innovation de chacune de ses propositions, ceci entre 1962 et 1979. Elle a œuvré à la redéfinition de l'art du tissage et de la tapisserie, à l'émancipation du matériau textile, ainsi qu'à l'inscription de la sculpture souple sur la scène artistique durant les années 1960 et 1970 – cela au même titre qu'ont pu le faire dans d'autres orientations Joseph Beuys, William Morris, Eva Hesse, voire Louise Bourgeois.

Formée à la peinture et au tissage à l'Académie des beaux-arts de Varsovie de 1950 à 1954, Abakanowicz qui, à la recherche de relief, ne trouve pas satisfaction dans la peinture, choisit le tissage au début des années 1960. C'est pour elle, comme pour d'autres jeunes artistes d'Europe centrale et de l'Est, la promesse de disposer d'une grande liberté de création dans un domaine où il est encore possible, hors des champs classiques de la peinture et de la sculpture, de repenser une longue tradition pour y insuffler de profondes innovations esthétiques et techniques. Abakanowicz, qui a appris à teindre et à tisser à l'école, va défier les conventions et repenser la stricte catégorisation des domaines du tissage et de la sculpture en leur inventant un univers commun, neuf et troublant.

L'artiste s'intéresse aux reliefs, aux variations et aux mouvements du tissage à une époque où la plupart des tapisseries issues des manufactures et grands ateliers français conservent un but décoratif rendu, sauf exceptions, par le seul motif. Elle nourrit ensuite son œuvre d'une complexité de tensions internes et externes à l'objet, puis à l'espace qui l'accueille, à un moment où l'art bascule vers le minimalisme et le conceptuel. Elle met enfin résolument en forme et en scène les notions d'anxiété et de perte de repères des hommes au sein d'une société en pleine mutation. Abakanowicz passe du tissage à la sculpture souple, du plan à l'espace ; des moulages – empreintes à échelle humaine en toiles de récupération, plus tard cages en polystyrène puis en plâtre de dimensions imposantes dans lesquelles le métal est fondu – à la taille directe, du bois ou de la pierre. Parallèlement, elle s'exprime par le pinceau, sur toile et sur papier. La succession de ces différentes activités artistiques répond en partie à l'évolution du statut de l'artiste en lien avec le contexte économique et politique, également à son ambition et à sa ténacité.

L'exploration du matériau flexible, ordinaire voire de récupération (laine grossière, lin, chanvre ou sisal), va par ailleurs coïncider chez Abakanowicz avec sa volonté de transfigurer une vision artistique proche de la nature et de l'homme, de leurs métamorphoses. « Parmi les diverses structures, je préfère pour mon travail les structures organiques. Elles ont leur histoire. Elles ont grandi, elles ont été transformées, mais malgré cela elles gardent des caractéristiques qui les unissent au monde engendré par la nature : existence, vieillissement, mort. [...] Je maintiens leur vie première en changeant seulement leur situation[5]. » Cette même intention perdure dans les années 1970 dans le cycle des *Altérations* qui fait référence à la condition et au devenir de l'homme.

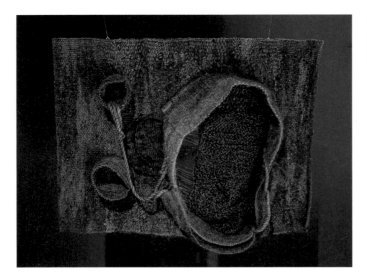

Fig. 7
Magdalena Abakanowicz Metamorfizm,
Musée central des textiles de Łódź, 2018
Rectangle avec ouverture ronde, 1973
→ N° 35

Fig. 8
Magdalena Abakanowicz Metamorfizm,
Musée central des textiles de Łódź, 2018
Abakan étroit et *Abakan 29*, 1967-1968
→ N° 18, → N° 21

Fig. 9
M. Abakanowicz, C. Bolle, A. Kierzkowska,
J. Owidzka, D. Voïta (de gauche à droite)
1ʳᵉ Biennale de la tapisserie de Lausanne,
1962, visite à Romainmôtier

Fig. 10
1ʳᵉ Biennale de la tapisserie
de Lausanne, 1962
Tapisseries de J. Owidzka,
M. Abakanowicz et W. Sadley

Dans cet objectif, la fibre comme matériau brut d'expression – fils croisés ou toiles rigidifiées – correspond à l'exigence formulée d'engendrer un univers qui réponde aux rythmes biologiques de la nature, de l'homme, mais aussi de l'artiste.

> « Les formes naissent des sensations de chaque jour, comme un journal. Elles sont le produit et l'enregistrement de ma durée : de mes expériences, déceptions, tristesses et frayeurs. Elles changent, comme le temps change mon visage. Elles étaient un rejet des conventions du tissage. Un besoin d'introduire les gens dans un monde autre que celui de la rue bruyante et de la technique brutale. Un cri devant les maladies de la civilisation. Elles sont comme la sueur, un symptôme de mon existence. Mes pensées et mon imaginaire, comme moi, deviendront de la terre. Les formes que je crée également. C'est bien ainsi. Il y a si peu de place[6]. »

LA BIENNALE INTERNATIONALE DE LA TAPISSERIE DE LAUSANNE. UNE RÉVÉLATION

C'est à Lausanne que débute en 1962 l'extraordinaire aventure artistique et humaine qui offre à Abakanowicz, alors âgée de trente-deux ans, la promesse d'une carrière internationale hors des frontières polonaises et au-delà du rideau de fer.

En 1961, les galeristes et amateurs d'art Pierre et Alice Pauli, soutenus par la Ville de Lausanne, ont fait appel à Jean Lurçat, principal acteur de la rénovation de la tapisserie française, pour fonder dans la capitale vaudoise le Centre international de la tapisserie ancienne et moderne (CITAM). Outre un espace de recherche, de documentation et d'exposition, l'objectif principal est de mettre sur pied, à l'image des grandes foires d'art de Venise ou de Cassel, une biennale témoignant du renouveau de la tapisserie depuis la fin de la Seconde Guerre mondiale[7]. Rapidement, des contacts sont pris avec les institutions et organes officiels de chaque pays susceptible d'illustrer, au niveau mondial, la place prise par la tapisserie dans l'art contemporain.

Krystyna Kondratiuk est désignée comme responsable de la sélection polonaise par le ministère de la Culture et de l'Art. Engagée depuis des années dans la promotion de la tapisserie, elle a été nommée deux ans auparavant directrice du nouveau Musée de l'histoire des textiles de Łódź[8]. Par l'entremise de Maria Łaszkiewicz, doyenne des tisserands polonais, le nom d'Abakanowicz est ajouté à la liste des artistes invités à Lausanne (Jolanta Owidzka, Wojciech Sadley, Ada Kierzkowska, Anna Śledziewska, Krystyna Wojtyna-Drouet) pour représenter le nouvel essor de la tapisserie polonaise. Ironie du sort, c'est l'intérêt marqué de Łaszkiewicz pour les recherches originales d'Abakanowicz qui permet à cette dernière d'obtenir une invitation à la Biennale de Lausanne. Or, la première exposition personnelle de la jeune artiste, tenue en 1960 à la galerie Kordegarda de Varsovie, n'a jamais ouvert ses portes au public. Les expressions biomorphiques colorées et les plus sombres abstractions lyriques des toiles peintes ont été jugées trop « formalistes », soit contraires aux valeurs de figuration positive imposées par le pouvoir politique en place.

Dans un contexte d'après-guerre particulièrement difficile – défaut de matériaux et de métiers à tisser, manque de moyens financiers – les artistes polonais parviennent dans un court délai de huit semaines à produire des tapisseries répondant aux douze mètres carrés exigés par le CITAM. Kierzkowska, Śledziewska et Abakanowicz tissent toutes trois sur les métiers de l'Atelier expérimental de l'Union des artistes polonais, installé dans le soubassement de la maison de Łaszkiewicz à Varsovie.

À l'été 1962, la 1re Biennale de la tapisserie réunit dans les salles du Musée cantonal des Beaux-Arts de Lausanne les œuvres de 59 artistes originaires de 17 pays[9]. La grande majorité des tapisseries est issue d'Europe de l'Ouest et a été tissée dans les manufactures nationales et les ateliers de renom de France, de Belgique et du Portugal. L'accrochage permet néanmoins de faire découvrir les audaces d'une tapisserie dégagée du cadre rigoureux de la tradition. À l'ouverture de la manifestation, la nature des matériaux utilisés, la structure et la composition des tissages polonais font parler d'eux. Leurs auteurs, principalement des femmes, revendiquent une totale autonomie de création, d'abord dans le choix de sujets abstraits, ensuite dans la réalisation technique du projet. Ces derniers s'intéressent aux valeurs intrinsèques des matières et aux effets de relief rendus possibles par l'entrecroisement de fils de qualité et d'épaisseurs variées. La *Composition de formes blanches* d'Abakanowicz, étonnant et irrégulier tissage de six mètres de haut sur deux de large, est très remarqué. Dans les colonnes de la *Gazette de Lausanne*, André Kuenzi, critique d'art, est le premier à souligner que les œuvres des artistes polonais sont celles qui « [...] causent peut-être le plus de surprise et [...] font penser qu'une certaine forme d'art contemporain peut très bien se traduire en tapisserie[10]. »

Fig. 11
André Kuenzi et Pierre Pauli,
Varsovie, 1963

Fig. 13
Desdemona, 1965
→ N° 15

Fig. 12
Moderne polnische Tapisserie,
Kunsthalle, Mannheim, 1964
Tapisserie 22 en blanc et *Tapisserie 23*
en violet et noir, 1963

Durant le mois d'août 1962, Kondratiuk écrit à Paul-Henri Jaccard, directeur de l'Association des intérêts de Lausanne[11] : « Notre séjour pendant la 1re Biennale en Suisse était pour nous exceptionnellement agréable [...]. Nous espérons que la prochaine Biennale contribuera plus encore à un contact encore plus amical entre tous les artistes et créera une nouvelle occasion pour l'échange des idées créatrices[12]. » Elle adresse de même ses bons sentiments à Pierre Pauli, commissaire de la Biennale, qui a très largement contribué au succès de l'événement. Quinze jours seulement après la fin de la manifestation, Pauli reprend contact avec Kondratiuk pour lui faire part du projet, à la demande de plusieurs conservateurs de musées de Hollande, d'Allemagne et de Suisse, d'organiser une grande exposition de tapisseries polonaises[13]. Abakanowicz en devient rapidement le porte-drapeau.

Le début des années 1960 correspond ainsi pour Abakanowicz à l'envol d'une carrière internationale, ceci en raison de sa participation spectaculaire, et bientôt régulière, à la Biennale de la tapisserie, mais également grâce à l'exposition *Tapisseries modernes polonaises*, qui va révéler son travail dans plusieurs pays d'Europe et contribuer à l'organisation de premières expositions personnelles de l'artiste dans d'importants musées.

En mars 1963, Pierre Pauli et André Kuenzi se rendent en Pologne pour discuter du projet et du choix des œuvres. À Varsovie, ils retrouvent chez Łaszkiewicz plusieurs membres de l'Atelier expérimental de l'Union des artistes polonais, Abakanowicz, Kierzkowska, Śledziewska, toutes présentes à la 1re Biennale de Lausanne. Les photographies de ce séjour montrent Abakanowicz travaillant encore sur le métier à tisser de Łaszkiewicz, avec pour seul guide un petit modèle élaboré à partir de papiers peints et découpés. Un an plus tard, l'artiste aura construit son propre métier de haute lisse, de dimension plus importante, dans le sous-sol de la maison de Łaszkiewicz. De retour à Lausanne, Kuenzi publie un article audacieux intitulé « La tapisserie de demain est née en Pologne ». Il y écrit : « L'apport des artistes polonais à l'art contemporain est des plus effectifs, tant dans le domaine du théâtre, de la littérature et de la poésie que dans celui de la peinture, des arts graphiques et de la tapisserie [...] et l'on peut écrire – après d'autres – qu'il se crée aujourd'hui plus de choses intéressantes en Pologne qu'à Paris même[14]. » Dans ce texte, l'auteur prend position en faveur des innovations apportées par les pays de l'Est, en contrepoint à une tapisserie traditionnelle « qui – à quelques exceptions près – s'étiole lentement mais sûrement dans les joliesses décoratives, les poncifs et les redites. » Wiesław Borowski, auteur du catalogue de l'exposition *Magdalena Abakanowicz* tenue la même année à la galerie Sztuki Nowoczesnej (galerie d'art moderne) de Varsovie, lui donne raison : « [...] les œuvres de Magdalena Abakanowicz, liées bien plus à ce qui est le propre de la tapisserie qu'à un style quelconque de la peinture, sont en effet plus proches de la peinture moderne que les tapisseries transposant une peinture[15]. »

En janvier 1964, la Städtische Kunsthalle de Mannheim est le premier lieu à accueillir l'exposition *Moderne polnische Tapisserie*. Dans des styles distincts, tant au niveau des concepts que de la pratique, une dizaine d'artistes[16] représente les tendances contemporaines de la nouvelle école polonaise, qui rejette une forme d'art exclusivement décoratif où le concepteur du projet est dissocié de l'exécutant. À Mannheim, puis Dortmund, Hambourg, Stuttgart, Cologne, Düsseldorf, les compositions abstraites d'Abakanowicz rencontrent un succès public et critique, qui se concrétise par l'acquisition de premières œuvres[17]. Itinérante, l'exposition fera étape en Hollande, Norvège, Suisse, etc.

La Biennale de la tapisserie de Lausanne a été décisive dans le développement de l'œuvre et le parcours de l'artiste. Abakanowicz le confirme lorsqu'elle énonce : « Je pense que chaque biennale est très utile et que cela apporte beaucoup plus que des expositions personnelles, et la première Biennale de Lausanne fut sans aucun doute un tournant. Ces confrontations ont permis, pour la première fois, de nous rendre compte très largement de la richesse des possibilités offertes par le simple croisement de fils. C'était le début de l'ébranlement de l'idée désuète, et la seule en vigueur, que le tissage est une méthode de copie d'une chose peinte sur le carton[18]. »

Fin 1962, Michel Tourlière, peintre-cartonnier et directeur de l'École nationale d'art décoratif d'Aubusson, souligne l'importance de la « liberté d'expression de tissage » dans les tapisseries d'Abakanowicz, « d'autant plus qu'elle appuie et confirme une grande valeur plastique[19] ». Pour la deuxième édition de la Biennale en 1965, Abakanowicz marque à nouveau les esprits à Lausanne en proposant *Tapisserie 29 Desdemona*, dont le caractère sauvage tient aux différentes natures et qualités des matériaux utilisés qui produisent à la fois le motif et le relief de la composition, ainsi qu'à l'adjonction inusuelle de mèches de laine et de crin nouées à la tapisserie qui renforcent la dynamique de la surface tissée.

Fig. 14
Assemblage noir, 1966
→ N° 16

Fig. 15
Abakanowicz. Eine polnische Textilkünstlerin,
Helmhaus, Zurich, 1968

Fig. 16
Abakan vert, 1967-1968
→ N° 20

Les réflexions d'Abakanowicz autour du tissage, associées aux enseignements de l'art populaire dont s'inspire la nouvelle école polonaise, la confortent dans son intérêt de repenser le médium et d'en exploiter toutes les ressources. Ceci inclut la revendication d'une conduite intuitive où seule la variété du fil détermine l'essence et la vibration du tissage.

Rétrospectivement, l'on peut comprendre l'affolement de certains peintres-cartonniers français face à ces « ouvrages » diamétralement opposés à une tapisserie classique, plane et régulière, exécutée par des lissiers professionnels. Ainsi, en 1965, la mise en garde de Lurçat adressée à Kuenzi : « Méfiez-vous des petites filles qui tricotent[20]. » Ce dernier vient de publier un texte qui promeut l'introduction à Lausanne de nouvelles techniques et formes d'expressions tissées, mal ou incomprises par les « puristes » de la tapisserie, défenseurs d'une certaine « orthodoxie[21] ». Quelques mois plus tard, les tapisseries d'Abakanowicz sont gratifiées d'une médaille d'or, section arts appliqués, à la 8e Biennale d'art de São Paulo.

Dès 1966, Abakanowicz crée ses tapisseries directement sur le métier, sans aucune esquisse. Ayant déjà abandonné le concept de reproduction d'un motif, même abstrait, elle envisage désormais le tissage comme une forme totalement libre, vivante, qui va peu à peu s'éloigner du format rectiligne induit par le métier à tisser. Ses tissages, bien que toujours muraux, deviennent des « assemblages » aux contours arrondis ou pointus, tels que la nature pourrait les engendrer. Des fils de chaîne ou de trame sont occasionnellement laissés à nu. Puis rapidement, les formes tissées, baptisées *Abakans*[22] selon le patronyme de l'artiste – marque conjointe de la singularité des œuvres et de la personnalité hors norme de leur auteure –, deviennent charnues, circulaires ou tubulaires, et acquièrent volume et profondeur. Objets tridimensionnels indépendants d'un quelconque support autre que la corde au bout de laquelle ils sont fixés, ils amènent une matérialisation consciente de l'espace, comme dans la nature, comme dans l'architecture moderne. Ces structures souples de grand format, vêtement, cocon ou enveloppe charnelle, illustrent les mystères de la vie organique qui nourrissent l'imaginaire de l'artiste depuis son plus jeune âge.

Apparues dès la 3e Biennale de Lausanne en 1967[23], les compositions spatiales se multiplient à l'occasion de la quatrième édition de 1969, le CITAM ayant abandonné la clause réglementaire liant l'œuvre au mur. Bien qu'Abakanowicz réalise depuis 1967 des sculptures en trois dimensions et que plusieurs d'entre elles ont fait partie durant le premier semestre de l'année 1969 des expositions devenues historiques *Perspectief in Textiel* au Stedelijk Museum d'Amsterdam et *Wall Hangings* au Museum of Modern Art de New York, *Abakan rouge* fait sensation à l'été à Lausanne. Entièrement tissé de sisal teint de couleur rouge, ce disque souple de quatre mètres de diamètre, prolongé d'une étonnante protubérance, est suspendu au centre d'une des salles du musée. Pistil, corolle ou vulve, il donne à l'observateur des éléments signifiants élevant la forme tissée au rang de sculpture et d'objet d'art pur. Pièce maîtresse de la Biennale, *Abakan rouge* n'est toutefois pas illustré dans le catalogue de l'exposition, faute d'avoir été terminé à temps. Il ne sera pas non plus accroché à la galerie des Gobelins à Paris à l'occasion de la première itinérance de la Biennale à l'étranger. Abakanowicz souhaite en effet le faire figurer dans le documentaire *Abakany*, tourné au même moment[24]. Aujourd'hui conservé dans les collections de la Tate, cet *Abakan rouge* devient emblématique de l'œuvre de l'artiste et sera exposé dans la plupart des rétrospectives qui lui sont consacrées à travers le monde. Sous le titre identique d'*Abakans rouge*, Abakanowicz accroche en 1971 au Pasadena Art Museum, en Californie, une installation de trois autres *Abakans* figurant une pénétration de formes dans l'espace, à la symbolique sexuelle évidente[25]. Mobiles, les *Abakans* ont en outre la particularité d'être transformables – pour exemple *Abakan – Situation variable*, 5e Biennale de 1971 – au gré de l'environnement, des expositions, des œuvres qui les entourent, voire des ombres qui les prolongent et les animent[26].

La corde, constituée d'une multitude de brins de fils individuels devenus solidaires, occupe de même une place capitale dans la production de la Polonaise durant les années 1970. Elle lui permet de scinder l'espace, tout en soulignant l'image de puissance de la nature et de ses structures organiques. Entre 1970 et 1973, Abakanowicz a déjà conçu à plusieurs reprises des situations dont la corde est le sujet principal (Södertälje et Stockholm, Pasadena, Varsovie, Édimbourg, Düsseldorf, etc.). Lors de la 6e Biennale de 1973, elle l'associe pour la première fois à une gigantesque bobine en bois[27]. *La Corde, ses pénétrations, sa situation dans l'espace* déroule au propre comme au figuré les chapitres de son histoire à travers les grandes salles du musée pour terminer son chemin au-dessus du bassin dans le jardin nord du Palais de Rumine. Cette corde, teinte en rouge ou habillée de tissu noir, fend l'espace ; sa structure ne tient à certains endroits plus que par une fine cordelette, presque un fil.

Fig. 17
Abakan rouge, 1969
4ᵉ Biennale de la tapisserie
de Lausanne, 1969
→ N° 24

Fig. 18
Installation *Abakans rouge*
Pasadena Art Museum, 1971

Fig. 19
*Magdalena Abakanowicz: Every Tangle of
Thread and Rope*, Tate Modern,
Londres, 2022-2023
Abakan – Situation variable II, 1971
→ N° 30

Fig. 20-22
6ᵉ Biennale de la tapisserie
de Lausanne, 1973
*La Corde, ses pénétrations,
sa situation dans l'espace*,
1973

Vers le milieu des années 1970, Abakanowicz repense ses formes biomorphiques pour aller « en direction de l'homme » et s'attelle à sa structure fibreuse. Prémisse du cycle des *Altérations*, elle réalise une série de têtes, métaphores du monde biologique et des tensions humaines. « Mes formes à propos de l'homme, je les désigne également sous le nom de têtes. Elles traduisent la crainte de voir l'individu perdre sa faculté de concentration pour avoir forcé les limites de ses rythmes biologiques. J'ai peur des conséquences subies à travers les effets d'un environnement artificiel et de tensions incessantes, toujours plus fortes[28]. » Confectionnées à partir de morceaux de toile à sac recyclés, collés pour certains, cousus pour d'autres, ou de fils de chanvre et de sisal, les *Têtes* s'articulent en des formes pleines ou éclatées. Débordements subis ou éclosions naturelles, ces organismes sont en pleine transformation.

Puis Abakanowicz délaisse un temps le tissage et l'assemblage d'éléments souples au profit de recherches sculpturales basées sur des moulages partiels du corps. Le matériau brut suit désormais la forme alors qu'il la constituait jusqu'à présent. À la 7e Biennale de 1975 et à la 8e Biennale de 1977, l'artiste met en scène des personnages assis, privés de têtes, bras ou jambes. Composés d'une toile de jute grossière et rigidifiée, veinée de cordes et de plis, ces figures se résument à des enveloppes creuses, vidées de toute substance, qui conservent toutefois toute leur humanité. « Les corps ne sont plus des volumes mais des écorces, des empreintes renvoyant directement à la vie qu'elles ont contenue, des pulpes figées mais vibrant encore de tout ce qui s'y est passé et dont elles ont gardé la trace dans l'entremêlement de ces fibres toujours différentes qui les trament[29]. » Les premiers personnages, intitulés à Lausanne *Du cycle Altérations*, sont au nombre de douze, strictement alignés[30]. Victimes ou juges ? Apôtres ou bourreaux ? Décharnés, ils font face aux spectateurs et incarnent l'idée de l'oppression, de la souffrance et de la sentence. Les seconds, titrés *Portraits* ou *Session du cycle Altérations – Images de la structure humaine*[31], sont placés en demi-cercle face à une paroi ; empreintes de dos puissants, ils ploient sous la charge de ce qui leur a été retiré : têtes, jambes, organes, parole. Dans les deux cas, la tension dramaturgique qui émane de ces corps-coquilles est décuplée par la répétition d'une même forme définie dont chaque tissu diffère cependant. À cette époque, la représentation de l'homme a généralement disparu de la majorité des productions sculptées. La manière dont Abakanowicz l'aborde ne se distancie pourtant pas tant des mouvements artistiques Arte povera ou Land art.

En 1979, pour sa dernière participation à la Biennale par sélection d'un jury, Abakanowicz propose *Pour Contemplation*, un environnement de longues formes tissées de couleur noire, pleines ou creuses selon le point de vue du visiteur. Déjà visible dans d'autres manifestations, l'installation se distingue à Lausanne par la multiplication des différents éléments, ici au nombre de quinze[32].

La série *Embryologie*, dont les éléments sont constitués d'emmaillotage de fils et de toiles de différentes natures, ne sera jamais proposée à la Biennale de Lausanne, mais sera en revanche présentée à la galerie Pauli à l'été 1979. En fin d'année, *Embryologie* fera également partie de l'exposition *Weich und Plastisch Soft-Art*, organisée par Erika Billeter au Kunsthaus Zürich, aux côtés des créations de Claes Oldenburg, Eva Hesse, Françoise Grossen, Man Ray ou encore Piero Manzoni[33]. Cette exposition et les discussions entre la conservatrice du musée et l'artiste amèneront cette dernière à employer dès lors le terme de *soft art* pour décrire son œuvre[34].

Abakanowicz, qui a pris part à toutes les éditions des Biennales entre 1962 et 1979, est contrainte, pour raisons réglementaires, de passer un tour en 1981. Deux ans plus tard, elle n'adresse pas de dossier à Lausanne. Le thème de la Biennale, consacré à la « Célébration du mur », semble très éloigné de ses préoccupations. Il faut dire que la fin des années 1970 correspond à une période perturbée et quelque peu désenchantée pour l'art textile. À Lausanne, la Biennale peine à trouver un nouveau souffle. Bien que sa renommée soit mondiale et que les visiteurs continuent d'affluer, elle ne paraît plus répondre aux attentes des critiques et des artistes. Plusieurs voix s'élèvent en outre contre le CITAM pour dénoncer la participation immuable de certaines stars (Abakanowicz, Jagoda Buić, Sheila Hicks, Olga de Amaral) dans l'exposition officielle, au détriment de la découverte de nouveaux talents.

En 1980, Abakanowicz représente la Pologne à la 39e Biennale d'art de Venise avec les séries *Altérations* (40 personnages) et *Embryologies* (800 éléments). Ces installations prennent place deux ans plus tard dans les salles de l'ARC, Musée d'Art moderne de la Ville de Paris, pour une exposition événement dirigée par Suzanne Pagé. En parallèle de cette rétrospective sur le sol français, un accrochage dédié pour la première fois aux seuls dessins ouvre à la galerie Jeanne Bucher (*Magdalena Abakanowicz. 21 dessins au fusain*).

Fig. 23-24
7ᵉ Biennale de la tapisserie de Lausanne, 1975
Du cycle Altérations, 1974-1975

Fig. 25
8ᵉ Biennale de la tapisserie de Lausanne, 1977
Portraits ou *Session du cycle Altérations –
Images de la structure humaine*, 1976

Fig. 26
Dos, 1976-1982
→ N° 51, → N° 52

Fig. 27
9ᵉ Biennale de la tapisserie de Lausanne, 1979
Pour Contemplation, 1970/1978

Fig. 28
12ᵉ Biennale de la tapisserie de Lausanne, 1985
Androgyn, 1984

Fig. 29
Embryologie, 1978-1980
Tate Modern, Londres

Hors concours, Abakanowicz et Claire Zeisler participent à la 12e Biennale de la tapisserie en 1985. Les deux femmes sont invitées à titre honorifique pour avoir élevé l'art textile au rang de sculpture au tournant des années 1960. Abakanowicz met à cette occasion en scène *Androgyn*, une installation qui confronte des figures humaines – un personnage debout, une frêle figure assise, celle de l'observateur – et fait apparaître des éléments sculpturaux encore inédits à Lausanne : vieille bâche usagée au sol, structure de bois comme support de l'homme. L'œuvre acquiert une nouvelle dimension symbolique et force à une prise de conscience : l'homme, réduit à une fine écorce, n'est toutefois pas encore parvenu à annihiler totalement la substance vitale, qui le constitue lui aussi.

LA GALERIE ALICE PAULI

À partir de 1953, Alice et Pierre Pauli travaillent notamment à la promotion et à la vente des œuvres de Jean Lurçat pour la Suisse et l'Allemagne : estampes, peintures, surtout tapisseries. Les activités sont menées depuis le domicile du couple à Épalinges. Dès 1962, tout en participant étroitement à l'aventure du CITAM et des Biennales de la tapisserie, Alice Pauli présente dans la galerie qu'elle vient d'ouvrir, avenue de Rumine 7 à Lausanne, d'importants créateurs contemporains, peu ou pas du tout exposés en Suisse – Sam Francis, Alicia Penalba, Mark Tobey, Maria Helena Vieira da Silva. Le couple effectue des voyages en Europe et aux États-Unis afin de suivre l'évolution des recherches de leurs artistes et de se tenir informés des nouvelles tendances de l'art contemporain[35]. En Pologne, ils sont accompagnés de Ryszard Stanisławski, futur directeur du Musée d'Art de Łódź, qui à leur rencontre travaille encore pour la DESA, une compagnie étatique de commerce extérieur d'œuvres d'art et d'antiquités avec laquelle le couple est tenu de traiter pour chaque œuvre polonaise quittant le territoire.

Émerveillée par la production polymorphe et l'esprit libre d'Abakanowicz, Alice Pauli représente l'artiste dès le milieu des années 1960. La première exposition personnelle est organisée à la galerie Pauli en 1967. Elle regroupe un ensemble de quatorze créations, dont deux « assemblages », proches dans leur conception de l'*Assemblage noir II* présenté à la 3e Biennale. Cette exposition est très rapidement suivie par d'autres, importantes, en Norvège, en Suisse, aux Pays-Bas et en Allemagne. Alice Pauli propose ensuite tous les deux ans les créations les plus récentes de l'artiste. Les deux femmes travaillent de concert à la préparation et au montage des expositions. Abakanowicz adresse depuis Varsovie des esquisses illustrant des espaces définis qu'elle perfectionne une fois sur place ; cette dernière considère déjà l'exposition comme une œuvre d'art en soi. Ces événements, qui se déroulent en même temps que les Biennales de Lausanne, sont accompagnés de petits catalogues décrivant les dernières réflexions et réalisations de l'artiste.

Alice Pauli ne ménage pas ses efforts pour promouvoir l'œuvre d'Abakanowicz auprès des personnalités influentes de l'époque, directeurs et conservateurs de musées ou commissaires des grandes foires internationales d'art. En 1968, le projet de l'exposition *Abakanowicz. Eine polnische Textilkünstlerin* au Helmhaus de Zurich est mené par René Wehrli, directeur du Kunsthaus Zürich, et Erika Billeter, qui vient de prendre les rênes du nouveau Museum Bellerive. Abakanowicz y annonce un « cycle de pièces spatiales » dépassant trois mètres de hauteur, « qu'il faudra accrocher au plafond[36] ». Quelque temps plus tôt, Alice Pauli a déjà informé Umbro Apollonio, conservateur des Archives historiques d'art contemporain de la Biennale de Venise et commissaire pour les Biennales de Venise et de São Paulo, de l'aspect sculptural des dernières créations[37]. Vingt-huit œuvres sont finalement suspendues à Zurich, dont douze *Abakans*. Jean Leering, directeur du Stedelijk Van Abbemuseum d'Eindhoven en Hollande, qui accueillera plus tard l'exposition *Magdalena Abakanowicz: 2- en 3-dimensionale weefsels*, est conquis par les innovations formelles et structurelles[38]. Tout comme le sera, en 1969, Heinz Fuchs, directeur de la Städtische Kunsthalle de Mannheim en Allemagne, où l'exposition s'intitule désormais *Magdalena Abakanowicz : Tapisserien und räumliche Texturen*. Ces grandes formes énigmatiques, dont la plupart résonnent de la vie latente de leur intérieurs secrets, sont fixées à une cimaise ou suspendues au plafond. Elles incluent selon la volonté de l'artiste des notions de toucher, d'énergie et de mouvement. Souples et transformables, ces premiers objets textiles rappellent la fonction originelle du tissage, vêtement et abri, ou sont directement inspirés des mystères de la nature. À la fin des années 1960, Abakanowicz bénéficie d'une dizaine d'expositions personnelles en Europe et prend part à de nombreuses expositions collectives ; la plupart organisées en collaboration avec la galerie Alice Pauli.

Fin 1968, Abakanowicz adresse le courrier suivant à Alice Pauli : « Je m'excuse d'être tout le temps en retard de te répondre. Je travaille jour et nuit et cela m'occupe tellement que je n'ai plus la possibilité psychique de décider raisonnablement avec les prochaines expositions[39]. »

Fig. 30
Magdalena Abakanowicz et Alice Pauli, Lausanne, 1981

Fig. 31
*Abakanowicz. Structures tissées murales
et spatiales et formes organiques*
Galerie Alice Pauli, Lausanne, 1975

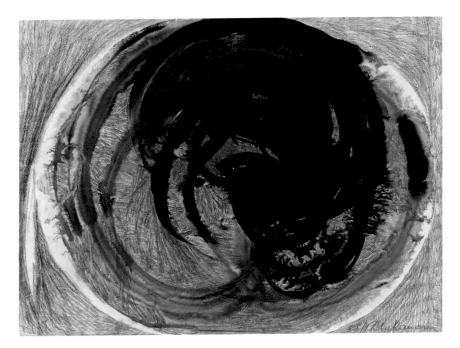

Fig. 32
Embryologie, 1981
→ N° 46

Fig. 33
Embryologie, 1981
→ N° 48

Fig. 34
Turquoise, 1970
→ N° 27

L'artiste, assistée dans son travail par Stefania Zgudka[40], jongle avec les
œuvres pour que chaque manifestation demeure saisissante et en accord
avec ses ambitions. La galerie Pauli déploie une énergie analogue, gérant
la multiplicité des listes d'œuvres, la correspondance avec les institutions,
les documents de douane et de transport ; elle se porte financièrement
garante auprès du gouvernement polonais des déplacements des œuvres
hors du pays ; elle s'occupe des ventes auprès des institutions publiques
ou privées, du planning, de la communication, tout en essayant d'obtenir
pour l'artiste polonaise les visas qui lui permettront de rejoindre les villes
d'accueil des événements.

Malgré le grand nombre d'expositions dont bénéficie dorénavant
Abakanowicz à l'étranger, elle reste fidèle durant toutes les années
1970 à Lausanne, à sa Biennale et à la galerie Pauli. De 1971 à 1985,
Alice Pauli ne monte pas moins de neuf expositions personnelles de
l'artiste[41]. Celles de 1971 et de 1973 proposent des *textilreliefs*[42] ; celles
de 1975 et 1977 sont principalement dédiées aux *Structures organiques
et formes humaines* ; 1979 fait l'objet d'une rétrospective ; puis les
expositions ont lieu presque chaque année (1981, 1982, 1983, 1985)
mêlant production ancienne et nouvelles créations, y compris le cycle
Syndrome, qui regroupe sculptures, huiles sur toile et dessins.

À deux reprises, la galerie Pauli présente conjointement les œuvres
d'Abakanowicz et de Buić, les deux « grandes dames » des Biennales[43].
L'historien et critique d'art Jean-Luc Daval suit avec intérêt le développement de leurs recherches et collabore avec Abakanowicz à
des projets d'expositions et de publications jusqu'à la fin des années
1990, parmi lesquels d'importants textes consacrés à l'artiste à
l'époque où cette dernière se tourne vers la figuration humaine et
vers la sculpture. Au début des années 1980, Daval encourage également Abakanowicz à s'exprimer par le dessin de manière étendue.

Outre qu'ils témoignent de l'actualité de la production, les accro-
chages de la galerie Pauli permettent d'acquérir des œuvres et
des installations récentes de l'artiste, très attendues des habitués
des Biennales, des professionnels du milieu et de la clientèle
privée d'Alice Pauli. De nombreuses créations spéciales sont
exécutées dans des formats qui sont également particuliers.
Collectionneurs privés, entreprises, administrations, de Suisse
ou de l'étranger, passent commande de compositions originales
pour leur domicile ou le hall de leur réception. À chaque fois,
Alice Pauli accompagne le projet de bout en bout : des premières
discussions et études de croquis au développement de l'idée,

jusqu'à sa réalisation puis son installation chez le client. Elle suit par exemple avec attention les réalisations de l'artiste pour la mairie de 's-Hertogenbosch (Bois-le-Duc) en Hollande ; en Suisse, pour la maison André & Cie à Lausanne et pour le Palais des Congrès à Bienne ; en Floride, pour la collection Martin Margulies ; en Toscane, pour la collection Giuliano Gori[44]. Elle aide par ailleurs Abakanowicz durant l'été 1980 à mettre en sécurité ses œuvres avant que la situation dans les pays du bloc communiste devienne incontrôlable[45].

Le début des années 1980 est aussi l'occasion pour Alice Pauli d'accompagner Abakanowicz dans des projets d'expositions et une représentation aux États-Unis. Elle collabore à l'organisation de la première rétrospective sur le sol américain qui débute, sous le commissariat de Mary Jane Jacob, à Chicago dans deux lieux distincts : Museum of Contemporary Art (cycle des *Altérations* et œuvres récentes) et Public Cultural Center (*Abakans*)[46]. Elle prend également part aux discussions avec Xavier Foucade, qui va exposer l'artiste dans sa galerie de New York[47]. Au milieu des années 1980, le nouveau contrat avec la galerie Marlborough va mettre fin aux rapports commerciaux et personnels entre Abakanowicz et Alice Pauli. En 1988, c'est la galerie Turske & Turske à Zurich qui proposera les expositions accompagnées des catalogues *Inkarnationen* et *War Games*.

ABAKANOWICZ ET LAUSANNE. DES AMITIÉS, DES COLLECTIONS

En décembre 1970, le décès soudain de Pierre Pauli laisse la Biennale orpheline de son commissaire et principal instigateur. L'artiste canadienne Mariette Rousseau-Vermette, aidée par Abakanowicz, décide de perpétuer le souvenir de cet homme visionnaire et profondément engagé dans le soutien aux artistes par une association qui portera son nom. Créée en 1979 sous la présidence du professeur Pierre Magnenat, l'Association Pierre Pauli regroupe les adhésions de quarante-six membres qui ont chacun fait don d'une de leurs œuvres. Cet ensemble de pièces d'artistes internationaux, comprenant un des premiers *Abakans* tubulaires de l'artiste (*Abakan étroit*) est donné à l'État de Vaud en 1996. Il constitue, grâce à l'investissement personnel de Rousseau-Vermette et d'Abakanowicz, ainsi que du couple Pierre et Marguerite Magnenat, le premier noyau de la collection textile XXe siècle de la Fondation Toms Pauli, officiellement établie à Lausanne en 2000. Pierre Magnenat assurera la présidence de l'Association Pierre Pauli

Fig. 35
Sans titre (création murale pour Alice Pauli), 1979-1980
→ N° 44

Fig. 36
Pièce Abakanowicz, villa La Printanière, Lausanne
La Main (Petit objet), 1975
→ N° 38

Fig. 37
Portrait anonyme,
1985-1987
→ N° 57, N° 58

54

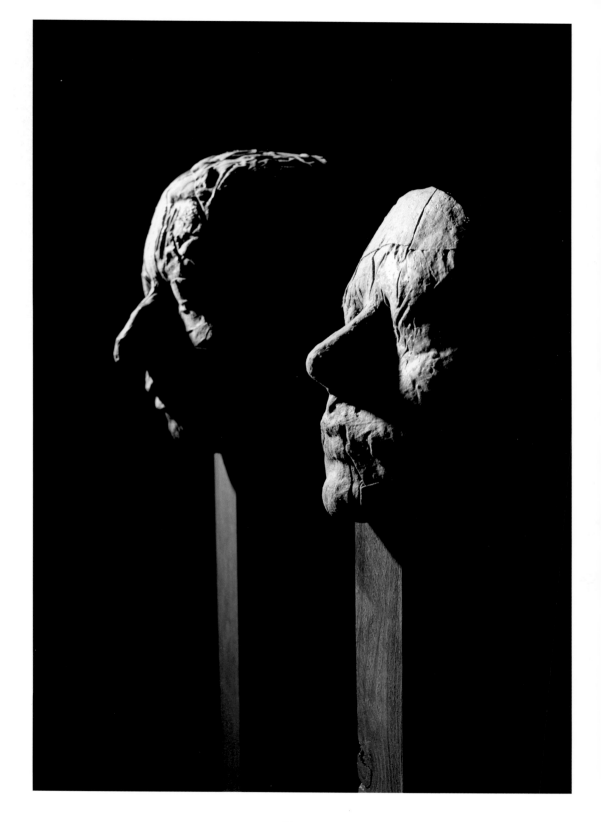

pendant plus de vingt ans, secondé par son épouse Marguerite. Collectionneur d'art, le couple va s'intéresser à la tapisserie dès la première édition de la Biennale de Lausanne en 1962 et sera définitivement conquis par l'apparition des reliefs textiles en 1965 et 1967. Amis des Pauli, ils seront de grands admirateurs d'Abakanowicz – qu'ils rencontrent pour la première fois en 1967 –, également de Buić et d'Elsi Giauque. Les Magnenat, tout comme les Pauli, ont régulièrement accueilli Abakanowicz lors de ses passages en Suisse et ont entretenu avec elle et son mari Jan une amitié fidèle[48].

Trente-trois œuvres d'Abakanowicz entrent dans la collection personnelle de Pierre et Marguerite Magnenat entre 1965 et 1987, généralement des achats effectués à la galerie Pauli, mais aussi des dons personnels de l'artiste. D'une importante valeur esthétique, cet ensemble d'œuvres illustre la palette d'activités de l'artiste : collages, tapisseries murales, reliefs, sculptures molles et objets textiles, dessins et peintures. Outre les *Abakans* et œuvres graphiques qui trouvent place aux murs de leur maison, la villa La Printanière à Lausanne, une chambre – mise en espace par l'artiste-même en 1977 – lui est entièrement dédiée. La « pièce Abakanowicz » abrite des séries marquantes : *Abakan rouge*, *Dos*, *Paysages*, *Personnage debout* et les premiers éléments *Embryologie*. Matérialisation des structures organiques, ces embryons de fils et de toiles conçus à partir de 1978 trouvent leur pendant graphique en 1981 dans des encres noires mêlant larges lavis et touches concentrées, parfois complétés de fusain et de mine de plomb. Contrairement aux ensembles de dessins *Bodies*, *Faces* et *Faces which are not portraits*, visibles à Paris, Chicago et Washington durant la première moitié des années 1980[49], les *Embryologies* sur papier demeurent moins connues. La qualité et la rareté de ces dessins en font des œuvres extraordinaires, au même titre que trois collages quasi uniques réalisés par l'artiste en 1965. En 2005, la totalité de ces œuvres a fait l'objet d'une donation des Magnenat à la Fondation Toms Pauli.

En plus de la collection de la Fondation Toms Pauli comprenant à ce jour cinquante œuvres de l'artiste, plusieurs dizaines d'autres se trouvent dans des collections institutionnelles et privées de Suisse. Mentionnons ici les collections du Musée cantonal des Beaux-Arts de Lausanne, du Musée des Beaux-Arts de La Chaux-de-Fonds, du Musée d'art du Valais à Sion, de la Ville de Bienne, et du Museum für Gestaltung Zürich, propriétaire notamment d'un grand *Abakan rouge*, présenté lors de la 16e Biennale internationale de Lausanne en 1995[50].

Si la carrière d'Abakanowicz fut longue – cinquante ans d'activité, d'expositions et de projets développés sur tous les continents –, elle fut étroitement liée, dès les premières années de production et pendant près de vingt-cinq ans, à Lausanne et à ses acteurs culturels, notamment Pierre et Alice Pauli, André Kuenzi, plus tard et dans un cercle plus large, Pierre et Marguerite Magnenat, Jean-Luc Daval et Erika Billeter. Par leur investissement professionnel ou personnel, ces derniers ont favorisé l'envol d'Abakanowicz vers une reconnaissance internationale en tant que femme artiste, sculptrice et peintre. Ils ont partagé intérêt et admiration pour l'artiste et son œuvre, à la forte puissance évocatrice, porteuse d'interrogations profondes, individuelles et collectives sur le monde de l'art et nos sociétés contemporaines.

En 1977, Jasia Reichardt, historienne et critique d'art polonaise, relève au sujet de l'artiste : « Ses travaux ne ressemblent à ceux d'aucun autre et c'est probablement pour cette raison que ceux qui les regardent les interprètent diversement. Par le biais des expositions, son imaginaire réveille celui des autres[51]. » Abakanowicz a participé elle-même à la construction de sa légende en affirmant se tenir hors de toutes tendances artistiques et influences extérieures pour ne suivre que sa propre imagination et son propre ressenti de la nature et de la condition humaine. Trente-cinq plus tard, la chercheuse Aneta Biesiadecka déboulonne le mythe en affirmant que dans la Pologne d'après-guerre, Abakanowicz n'est ni considérée comme une pionnière de la sculpture expressive ni comme son unique promotrice[52].

Soulignons encore ici que la nature périssable, souvent recyclée, des matériaux qui caractérisaient sa production des années 1960 à 1985 répond à la pensée pro-écologique aujourd'hui défendue dans le milieu de l'art contemporain ; tout comme le médium textile et la conquête des espaces d'exposition par les femmes dans la seconde moitié du XXe siècle font partie des questionnements actuels des jeunes générations, amenées à repenser leur identité et leur place dans la société du XXIe siècle.

À ce dernier titre, Jessica Gerschultz écrit dans la notice du catalogue d'exposition *Elles font l'abstraction*, organisée au Centre Pompidou en 2021, qu'Abakanowicz affirmait « que son genre ne l'avait ni aidée ni entravée et [qu'elle] se désolidarisait des champs féminisés de l'artisanat et du tissage[53] ». Si l'on veut bien croire l'artiste, il convient toutefois aussi de rappeler que le tissage, la tapisserie et l'art textile, et sa Biennale à Lausanne, ont permis à plusieurs générations de femmes artistes, tisserandes, sculptrices, plasticiennes, de largement occuper le terrain d'une scène artistique internationale et d'y gagner plus que l'équité. Parcourant à présent les grandes expositions et foires d'art contemporain, le visiteur n'interroge plus, on l'espère, des valeurs de genre : de l'œuvre ou de l'auteur. À Lausanne, Abakanowicz en a magistralement indiqué le chemin.

Magali Junet
Conservatrice de la Fondation Toms Pauli

1   Citation de 1969, reprise dans *Magdalena Abakanowicz. Organic Structures*, cat. exp., Konsthall, Malmö, 1977, p. 36 ; *Magdalena Abakanowicz. Formes tissées murales spatiales et organiques*, galerie Alice Pauli, Lausanne, 1977, s. p.

2   *Magdalena Abakanowicz. Fate and Art* (Monologue), Skira, Milan, 2008 (2ᵉ éd. 2020) ; *Magdalena Abakanowicz. Writings and Conversations*, sous la dir. de Mary Jane Jacob et Jenny Dally, Skira, Milan, 2022.

3   Magdalena Abakanowicz, « Commentaires et réflexions sur la pratique du textile », 1975, document tapuscrit, archives Jean-Luc Daval, p. 9.

4   À partir de 1965 et jusqu'en 1990, Abakanowicz travaille comme enseignante, puis professeure associée (à partir de 1969) à l'École supérieure publique des arts plastiques de Poznań, département de sculpture et de graphisme.

5   Magdalena Abakanowicz, « Commentaires et réflexions sur la pratique du textile », *op. cit.*, p. 12.

6   *Magdalena Abakanowicz tkanina (Les textiles de Magdalena Abakanowicz)*, cat. exp., Bureau d'expositions artistiques BWA, Łódź, 1978 ; citation reprise dans *Magdalena Abakanowicz. Rétrospective*, galerie Alice Pauli, Lausanne, 1979, p. 36-37.

7   Voir *De la Tapisserie au Fiber Art. L'histoire des Biennales de Lausanne*, sous la dir. de Giselle Eberhard Cotton et Magali Junet, *et al.*, Fondation Toms Pauli, Lausanne ; Skira, Milan, 2017.

8   Aujourd'hui Musée central des textiles de Łódź.

9   France, Belgique, Pologne, Portugal, Suisse, Tchécoslovaquie, Hongrie, Grande-Bretagne, Allemagne, Autriche, Hollande, Italie, Suède, Norvège, États-Unis, Canada, Japon.

10 André Kuenzi, « Première Biennale de la tapisserie à Lausanne », *Gazette de Lausanne*, 16-17 juin 1962, p. 19.

11 Organe de promotion de la Ville de Lausanne qui apporte son soutien à des projets socioculturels.

12 Courrier de Kondratiuk à Jaccard, 20 août 1962, archives Alice Pauli, Lausanne.

13 Courrier de Pauli à Kondratiuk, 29 septembre 1962, archives Alice Pauli, Lausanne.

14 André Kuenzi, « La tapisserie de demain est née en Pologne », *Gazette de Lausanne*, 20 avril 1963, p. 19.

15 Wiesław Borowski, *Magdalena Abakanowicz*, galerie Sztuki Nowoczesnej, Varsovie, 1963, s. p.

16 Abakanowicz, Zofia Butrymowicz, Kierzkowska, Łaszkiewicz, Sadley, Wojtyna-Drouet, Irma Jasek-Flanczewska, Danuta Szarras et Barbara Latocha.

17 Städtische Kunsthalle, Mannheim, *Tapisserie 14 en gris* ; Service municipal des bâtiments, Ville de Dortmund, *Tapisserie 16 en gris et brun*.

18 André Kuenzi, « Lausanne IVᵉ Biennale de la tapisserie », *Gazette de Lausanne*, 14 juin 1969, p. 27.

19 Michel Tourlière, carton de l'exposition *Tapisseries. Magdalena Abakanowicz*, galerie Dautzenberg, Paris, 1962.

20 Courrier, aujourd'hui disparu, de Lurçat à Kuenzi, dont le propos est repris dans la *Gazette de Lausanne* le 24 août 1968, p. 24 ; plus tard dans l'ouvrage *La Nouvelle Tapisserie*, éd. Bonvent, Lausanne, 1973, p. 54.

21 André Kuenzi, « Nouvelles techniques de la tapisserie à la 2ᵉ Biennale de Lausanne », communiqué du CITAM, [mai] 1965, archives Alice Pauli, Lausanne.

22 Terme utilisé en 1964 par la critique d'art Elżbieta Żmudzka pour qualifier les tissages de l'artiste, in « Magdalena Abakanowicz », *Zwierciadło*, n° 6, 9 février 1964, p. 8, et, selon mention de Jasia Reichardt, par la critique d'art Hanna Ptaszkowska, in *Magdalena Abakanowicz. Crowd and Individual*, sous la dir. d'Andrea Knop, Beck & Eggeling, Düsseldorf, 2015, p. 112.

23 Œuvres d'Elsi Giauque, *Colonne en couleurs qui chantent*, et de Charlotte Lindgren, *Aedicule*.

24 Documentaire réalisé sur Abakanowicz par Jarosław Brzozowski, terminé par Kazimierz Mucha.

25 Exposition *The Fabric Forms of Magdalena Abakanowicz*, Pasadena Art Museum (aujourd'hui Norton Simon Museum), 1971. L'installation comprend notamment un grand *Abakan rouge*, conservé dans la collection de la Fondation Toms Pauli.

26 *Abakan – situation variable* sera modifié à plusieurs époques, notamment afin de s'adapter à l'espace du Palais des Congrès pour lequel la Ville de Bienne achète l'œuvre en 1972.

27 Sous le titre *Wheel and Rope* (*Roue et corde*), l'installation sera présentée ensuite dans différentes configurations : Whitechapel Art Gallery, Londres, 1975 ; Musées d'Art de Sydney et Melbourne, 1976 ; Konsthall de Malmö et Fondation Sonia Henie et Niels Onstad (aujourd'hui Henie Onstad Kunstsenter) de Høvikodden, 1977.

28 Propos de l'artiste, repris par Kuenzi dans son article « Œuvres récentes de Magdalena Abakanowicz : structures tissées murales et formes organiques », *24 heures*, 9 octobre 1975, p. 45.

29 Jean-Luc Daval, *Abakanowicz. Structures organiques et formes humaines*, galerie Alice Pauli, Lausanne, 1975.

30 Ils l'étaient de manière identique lors de leur première exposition quelques mois plus tôt à la Galerie nationale d'art Zachęta de Varsovie.

31 Généralement nommées *Backs* ou *Dos*, ces créations sont également titrées *Figures dorsales* ou *Épaules vides* ou encore, dans la configuration particulière de Malmö et de Lausanne, *La Séance*.

32 Quatre éléments étaient présentés en 1973 à la galerie Alice Pauli sous le titre *Mur architectural*.

33 L'œuvre *Embryologie* comprend 236 pièces à Zurich. *Weich und Plastisch Soft-Art* est la dernière exposition de Billeter à Zurich. Après avoir organisé plusieurs expositions autour du Fiber Art et y avoir débuté une collection, Billeter reprend en 1981 la direction du Musée cantonal des Beaux-Arts de Lausanne. Elle sera très impliquée dans les futures éditions de la Biennale, en tant que directrice du musée qui l'accueille, mais aussi vice-présidente du CITAM et membre du jury dès 1983.

34 Jenny Dally, « A Lifetime of Experiences: A Narrative Chronology », in *Magdalena Abakanowicz*, cat. exp., sous la dir. d'Ann Coxon et Mary Jane Jacob, Tate Publishing, Londres, 2022, p. 191.

35 En plus d'être le commissaire de la Biennale de Lausanne, Pierre Pauli est secrétaire général du Salon international de Galeries pilotes, Lausanne (1963, 1966, 1970). Il est nommé conservateur du Musée des Arts décoratifs de la Ville en 1966.

36 Courrier d'Abakanowicz à Alice Pauli, 24 avril 1968, archives Alice Pauli, Lausanne.

37 Courrier d'Alice Pauli à Umbro Apollonio, 14 février 1968, archives Alice Pauli, Lausanne.

38 Jean Leering propose au Stedelijk Van Abbemuseum d'Eindhoven une programmation d'avant-garde : Joseph Beuys, Robert Morris, Carl André.

39 Courrier d'Abakanowicz à Alice Pauli, 10 novembre 1968, archives Alice Pauli, Lausanne.

40 Stefania Zgudka accompagne Abakanowicz à partir de 1965 et jusqu'à la fin de sa vie.

41 Alice Pauli organisera également dans sa galerie des expositions d'autres artistes textiles : Jagoda Buić, Sheila Hicks et Mariette Rousseau-Vermette.

42 Terme utilisé par Jean-Luc Daval à l'occasion de l'exposition de 1973.

43 En concurrence à Lausanne depuis la 2e édition de 1965, les deux artistes ont marqué l'histoire des Biennales de Lausanne et celle du mouvement de la Nouvelle tapisserie. Jagoda Buić est décédée en 2022.

44 La collection Gori à Pistoia est inaugurée en 1982 avec des œuvres d'Aycock, Karavan, Morris, Oppenheim, Poirier, Ruckriem, Serra, Staccioli et Trakas.

45 Lettre d'Abakanowicz à Mary Jane Jacob, 16 juin 1981, *Magdalena Abakanowicz. Writings and Conversations*, op. cit., p. 208.

46 L'exposition *Magdalena Abakanowicz* circulera à travers les États-Unis entre 1982 et 1984.

47 Le décès prématuré de Xavier Foucade, au printemps 1987, met un terme à cette collaboration.

48 « Ma très chère Famille ! Je suis pleine de souvenirs. J'étais tellement heureuse d'être avec vous ! C'était tellement beau d'être soignée et gâtée chaque jour !!!! », courrier d'Abakanowicz à Pierre et Marguerite Magnenat, [décembre 1977], archives Fondation Toms Pauli, Lausanne.

49 Galerie Alice Pauli, Lausanne, 1981 et 1982 ; galerie Jeanne Bucher, Paris, 1982 ; Musée d'Art contemporain, Chicago *et al.*, 1982-1984.

50 La dernière Biennale, totalement
    différente des éditions précédentes,
    est une rétrospective réunissant des
    œuvres marquantes d'artistes textiles
    et contemporains.

51 Jasia Reichardt, « Magdalena
    Abakanowicz in the 1970s », in
    *Magdalena Abakanowicz. Organic
    Structures*, cat. exp., *op. cit.*, p. 31.

52 Aneta Biesiadecka, « Magdalena
    Abakanowicz and Development of
    the Figure in Postwar Polish Sculpture »,
    Woman's Art Journal, Spring/Sommer,
    vol. 32, n° 1, 2011, p. 30.

53 Jessica Gerschultz, notice Magdalena
    Abakanowicz, in *Elles font l'abstraction*,
    cat. exp., sous la dir. de Christine Macel
    et Karolina Ziebinska-Lewandowska,
    éd. du Centre Pompidou, Paris, 2021, p. 224.

Je cherche mon propre espace.

Magdalena Abakanowicz

Sculpter l'espace

Lorsque nous examinons les deux premières décennies (1960-1980) de l'œuvre de Magdalena Abakanowicz, nous découvrons un ferment créatif, une force capable de transcender le cadre traditionnel des disciplines artistiques. Il s'agit de la période la plus avant-gardiste du parcours de l'artiste, mais aussi de la moins étudiée. L'attitude d'Abakanowicz elle-même n'est pas ici sans importance, tant elle rechignait par la suite à revenir vers ses premiers travaux. Cette période extrêmement passionnante permet d'avoir une vision plus large, de pénétrer dans l'espace des problèmes artistiques complexes, de ses dépendances et de ses connexions.

Magdalena Abakanowicz a été façonnée par la dure réalité de la guerre, mais aussi par les difficiles années d'après-guerre, une période de pauvreté, d'effondrement de valeurs, de questionnements de l'humanisme et de la foi en l'homme. De plus, l'époque communiste interrogeait le rôle de l'art. Le quotidien de nombreux artistes était, comme pour elle, de trouver de nouvelles voies d'expression – chacun à sa manière et à la mesure de sa sensibilité. Magdalena Abakanowicz cherchait son propre espace.

Durant son enfance passée à Falenty près de Varsovie, elle observe la nature et ses mystères, un monde de transformations d'une force biologique vitale. Elle l'expérimente avec tous ses sens, elle fouille le sol, modèle des objets, sculpte des visages avec son canif, leur donnant des significations, créant des histoires, des spectacles et des rituels. Elle est fascinée par la multitude de structures organiques qui se soumettent à sa volonté[1].

Son intérêt pour le biologisme et le monde de la nature, qui sera au cœur de ses activités artistiques ultérieures, va devenir le moteur de sa recherche d'un nouveau langage des formes : planes ou volumineuses, en passant par le relief. L'artiste passe des formes créées à partir de matières organiques molles à des réalisations sculpturales devenues depuis un élément permanent des espaces publics du monde entier. Mais auparavant, au tout début, lors de ses examens d'entrée à l'École secondaire publique des arts visuels de Gdynia-Orłowo, on lui annonce qu'elle n'est pas faite pour la sculpture. On lui reproche son manque d'intuition pour la forme[2]. Elle ne pense donc pas devenir sculptrice un jour.

FORMATION ET AMBITION

En 1949, elle commence ses études à l'École supérieure nationale des beaux-arts de Sopot. Elle n'y étudie qu'un an, mais c'est là qu'elle découvre l'univers pictural des textiles de grand format qu'elle présente ensuite lors de sa première exposition personnelle à la galerie Kordegarda à Varsovie, en 1960.

L'école, fondée juste après la guerre, se trouve sous une forte influence de l'esthétique du Colorisme polonais. Sa cofondatrice, Józefa Wnukowa, revient à peine d'un séjour de six mois aux États-Unis, fascinée par les techniques d'impression sur tissu. Certaines œuvres d'Abakanowicz, réalisées selon cette technique sont remarquées dès 1954 lors d'un concours organisé par la coopérative ŁAD, un concours destiné aux jeunes tisserands avec des projets de tapisseries pour intérieurs résidentiels, sociaux ou d'apparat.

Cependant, cette technique ne satisfait pas les ambitions créatives d'Abakanowicz. Elle cherche d'autres formes d'expression, toujours dans le domaine du textile. Dans sa demande d'admission en deuxième année à l'Académie des beaux-arts de Varsovie en 1950, elle écrit : « Je formule ma demande car à l'École des beaux-

arts de Sopot, où pendant une année j'étudiais [les branches]
du tronc commun, le département textile a été fermé, or il s'agit
du département dans lequel je comptais me spécialiser[3]. »

Les années 1950-1955 sont une époque éprouvante, faite de
réalisme socialiste, de normes et de comportements imposés,
y compris dans l'art, ce qui entre en conflit avec le désir d'indépendance et d'espace d'Abakanowicz. Elle soulignera plus tard
que ses études ont été une période difficile, mais c'est entre les
murs de l'Académie qu'elle apprend les bases d'un nouveau langage du tissage artistique renaissant. Quelques années plus tard,
après ses premiers voyages en Europe de l'Ouest, elle comprendra
pleinement à quel point cette approche est spéciale. Entre-temps,
lorsque Magdalena Abakanowicz étudie à Varsovie, ce nouvel al-
phabet est conçu par les professeurs des beaux-arts qui perçoivent
la valeur d'une tradition fondée sur un équilibre entre les beaux-arts
et les arts appliqués. Ils inculquent à leurs étudiants l'amour de la
matière et la perception du textile comme forme d'expression artistique. Ils encouragent l'utilisation de fils d'épaisseurs différentes et
de diverses techniques au sein d'une même œuvre, ainsi que le mé-
lange d'un large éventail de matériaux, y compris ceux qui ne sont
pas associés jusque-là au tissage, tel le métal ou le bois, et, surtout,
ils poussent au travail direct sur le métier à tisser – sans préparation
préalable de laborieux cartons – comme méthode permettant le mieux
de sentir les propriétés du matériau.

La vision du professeur Mieczysław Szymański était particulièrement
proche des recherches d'Abakanowicz. Bien qu'elle n'ait pas été son
élève, elle évoquait son influence et a gardé contact avec lui une fois
diplômée. Le professeur conçoit la tapisserie à la lumière des derniers
développements de l'art contemporain. Il sait que la modernisation du
langage des formes dans ce médium ne sera possible que si celui-ci
est détaché de ses fonctions utilitaires et si l'artiste fait lui-même l'effort
de sa réalisation. L'élaboration personnelle est la voie d'une compréhension raisonnée des principes de construction qui déterminent la
forme. C'est aussi ce contact direct avec la substance, cet apprentissage des qualités inhérentes de la matière première qui est à la base
des propriétés originales du textile et le distingue de la peinture ou de
la sculpture. Szymański encourage ses étudiants à inclure dans leurs
travaux des matériaux nouveaux, sans rapport préalable avec le textile.
Une laine grossièrement filée, le chanvre, le papier et même le métal
et la paille deviennent entre les mains de ses élèves des « briques » qui,
reliées aux fils de chaîne, créent de nouvelles structures.

Fig. 39
Magdalena Abakanowicz
travaillant au métier à tisser,
Varsovie, 1962-1966

Fig. 40
Magdalena Abakanowicz Metamorfizm,
Musée central des textiles de Łódź, 2018
Soleil (La Construction noire), 1963,
Le Soleil et la lune, 1964
→ N° 9

Fig. 41
Composition texture en blanc, 1961-1962
→ N° 6

Tous ces efforts n'auraient certainement pas pesé lourd et n'auraient pas dépassé le stade expérimental s'ils n'avaient été soutenus par une analyse intellectuelle approfondie des relations et des rythmes entre les structures. Puisque l'on considère l'art de la tapisserie dans le cadre de l'évolution de l'art contemporain, on doit reconnaître qu'il est soumis aux mêmes principes que les beaux-arts. Ainsi, les compositions sont construites à l'aide de divisions géométriques tranchées ; des combinaisons de couleurs fortes introduisent des tensions, des rythmes et entrent en résonance.

Bien qu'Abakanowicz ait affirmé avoir passé son diplôme sous la supervision d'Eleonora Plutyńska, elle a en réalité préparé et soutenu sa thèse sous la direction d'Anna Śledziewska qui a été la première, dès 1946, à diriger l'atelier de tissage à l'Académie de Varsovie[4] et a présidé l'atelier Jacquard pendant de nombreuses années. La spécificité de cette technique, ainsi que l'utilisation fréquente des travaux obtenus dans la décoration d'intérieur déterminent le caractère monumental des œuvres qui en résultent. La professeure attachait une grande importance à la teinture et encourageait les expériences. Elle n'imposait pas les motifs, elle pensait au contraire que la combinaison de diverses sources d'inspiration favorisait la création et permettait de trouver des solutions intéressantes et innovantes[5]. Abakanowicz a par la suite utilisé les connaissances acquises dans cet atelier pour fabriquer des textiles destinés à la décoration d'intérieur[6].

Alors pourquoi mentionne-t-elle Eleonora Plutyńska comme directrice de sa thèse ? Plutyńska inculquait à ses élèves les valeurs qui leur ont permis, plus tard, de tracer de nouvelles voies avec audace et indépendance. Elle enseignait non seulement les techniques de tissage, mais investissait une énergie considérable pour stopper le déclin de la tapisserie polonaise. À l'Académie des beaux-arts de Varsovie, elle avait reçu l'enseignement, entre autres, de Wojciech Jastrzębowski qui l'avait incitée à réaliser des œuvres sans modèle préalable. Travailler directement la matière permettait de faire ressortir ses propriétés, de se concentrer sur sa structure et sur sa couleur. Suivant ce conseil, Plutyńska avait fait pendant ses études ses premiers essais de tissage directement sur le métier à tisser. La méthode développée par ses anciens élèves, méthode qui, bien des années plus tard, suscitera tant d'admiration et de controverses, avait également une base plus profonde. Étudiante, Plutyńska avait été fortement marquée par l'idée de la circulation du Beau. Cette philosophie du poète Kamil Cyprian Norwid qui prône l'assimilation de la peinture et de la sculpture à l'artisanat artistique, était promue à Varsovie par d'autres professeurs de Plutyńska : Karol Tichy et Józef Czajkowski.

Selon la pensée de Norwid, l'essentiel réside dans la fusion du projet et de la réalisation, car les séparer équivaut à séparer l'âme du corps. C'est ainsi que, devenue maîtresse de conférences, Plutyńska perçoit les causes de la décadence de la tapisserie au XIXe siècle et considère que le remède est de « ramener l'artiste dans l'atelier[7] ». C'est l'enseignement qu'elle transmet à ses élèves : se soumettre aux qualités picturales et sculpturales de la laine et suivre les propriétés de cette matière comme moyen d'expression artistique à part entière. Elle suggère de commencer directement dans la substance, composant sur le métier à tisser, et de n'élaborer les détails du projet que dans un second temps, une fois identifié ce que l'on souhaite et peut accomplir[8]. Ces idées ont eu une influence forte sur Abakanowicz.

Cependant, celle-ci ne garde pas un bon souvenir de l'Académie durant ses études au temps du réalisme socialiste. Elle sait ce qu'elle veut mais on lui dit qu'elle se trompe. Elle retrouve son espace en créant des mondes fantastiques, remplis de formes biologiques ou zoomorphes sur des toiles de coton ou de lin. Elle se rend à l'atelier la nuit. Elle se souvient : « Une nuit, le professeur Jerzy Sołtan a vu par hasard mes grands chiffons peints et a été saisi d'admiration. Il a lancé "Ça, c'est de la peinture ! C'est là que réside le vrai surréalisme !" Pour la première fois de ma vie, j'ai découvert le regard d'autrui, un regard que je n'attendais pas mais dont j'avais grandement besoin[9]. »

Elle n'aime pas les règles. Le jour où elle obtient son diplôme est pour elle le jour où elle retrouve son indépendance créatrice. Les premières années de sa liberté artistique coïncident avec le « dégel », comme on appelle les années 1954-1956. Après la mort de Staline, les autorités politiques polonaises libéralisent leur doctrine, abandonnant l'esthétique obligatoire du réalisme socialiste qui prévalait dans les programmes des écoles d'art. Assoiffés de liberté d'action, les jeunes créateurs cherchent alors, avec énergie et confiance, un nouveau langage d'expression artistique. Par sa variété de formes et son ambiguïté, la voie de l'art non figuratif devient particulièrement attrayante.

LES FRONTIÈRES ENTRE LES DOMAINES

Les surfaces monumentales des toiles d'Abakanowicz de la seconde moitié des années 1950 sont habitées par des poissons,
des oiseaux, des papillons ; ces formes organiques fantastiques
créent des paysages imaginaires et transportent le spectateur
dans un tout autre univers. Ces toiles lui ont aussi apporté des
récompenses. Lorsque, en 1956, l'artiste reçoit une médaille d'or
pour trois de ses réalisations lors d'un concours de conception de
meubles et de tissus organisé par la coopérative ŁAD, un critique
commente : « Parmi les candidatures au concours, les compositions
les plus puissantes sur le plan émotionnel sont les projets de
Magdalena Abakanowicz [...]. Elles sont effectuées avec panache,
en véritable peintre[10] [...]. »

En 1957, Abakanowicz fait avec un groupe d'artistes son premier
voyage en Europe occidentale. La découverte de l'art *in situ* est
certes fondamentale, mais les amitiés nouées avec Roman Owidzki
et la peintre Ewa Łunkiewicz-Rogoyska, par l'intermédiaire des-
quels elle rencontre plus tard Henryk Stażewski[11], semblent encore
plus importantes. Ses relations avec les artistes d'avant-garde sont
un élément essentiel de son développement intellectuel et créatif.

En avril 1960 vient le moment de sa première exposition individuelle.
Les salles de la galerie Kordegarda se remplissent de formes zoomorphes et organiques, d'huiles sur toile, de gouaches, de toiles peintes
accrochées sans cadres dans lesquelles « il y avait un concentré de
biologisme[12] ». Les premières, datant de 1956, attirent l'attention par
l'intensité de leurs couleurs et la richesse de leurs formes. Celles de
1959-1960, d'une composition plus structurée et dépourvue d'éléments
inutiles, dans une gamme de couleurs réduite et atténuée, sont le fruit
d'une nouvelle recherche et d'un changement de langage pictural. Des
discussions ont lieu. De quoi s'agit-il ? De tissu ou de peinture ? D'objet
utilitaire ou d'œuvre d'art ?

L'opinion selon laquelle l'œuvre d'Abakanowicz porte en elle une innovation évidente émerge rapidement. Dans les pages de l'hebdomadaire
Przegląd Kulturalny, Jacek Sempoliński note : « L'art moderne, dans
son aspiration à révolutionner les notions esthétiques communément
admises et à documenter son universalisme, investit des régions acces-
sibles jusqu'alors uniquement à l'artisanat. Il souhaite entourer l'homme
par sa sublimation artistique et brouiller la distinction entre l'art dit
pur et les objets du quotidien[13]. » Et il ajoute que dans une situation de

« dilution de frontières entre les différents domaines des beaux-arts »
dans laquelle les artistes eux-mêmes sont perdus, Abakanowicz ne
semble pas inquiète et ne qualifie pas ses toiles de peinture[14]. En regar-
dant ses œuvres, le journaliste estime : « La tapisserie remplit la fonction d'œuvre d'art au sens large[15]. »

Cet article peut être considéré comme une préfiguration des dilemmes
et des problèmes auxquels l'artiste sera confrontée durant des années.
La technique utilisée peut-elle déterminer la réception et la classification d'une œuvre ? Au XXIe siècle, cette question est réglée. Mais dans
la seconde moitié du siècle dernier, la réponse n'était pas si évidente.
Aujourd'hui, les œuvres d'Abakanowicz appartiennent toujours aux
collections des arts appliqués des musées nationaux de Varsovie et de
Poznań. Cette catégorisation constitue une sorte de stigmate contre
lequel l'artiste s'est longtemps battue. Elle souligne à maintes reprises
que ce sont les habitudes qui font que les gens ont tant de mal à voir
les choses telles qu'elles sont, sans les ranger dans un tiroir de normes
préétablies. Elle écrit : « Dans notre rapport aux choses qui nous
entourent, l'habitude nous rend aveugle. Ce que nous savons d'avance
d'un objet nous empêche de le voir réellement[16]. » Elle crée des
« choses » ambiguës qui échappent aux classifications, et cherche
sans cesse de nouveaux moyens formels.

Dès cette époque, l'artiste expérimente avec le tissage, dont elle
montre les premières réalisations à la galerie Kordegarda. Mais
pour développer ses centres d'intérêts, il lui faut un endroit adéquat.
Elle le trouve auprès de Maria Łaszkiewicz, qu'elle évoquera plus
tard avec respect et gratitude, car c'est chez elle que, pendant
quelques années, ses créations tissées voient le jour. Łaszkiewicz
était une personne d'un charisme et d'un savoir extraordinaires,
d'une grande gentillesse et d'une grande ouverture aux autres.
Dans sa maison rue Cegłowska à Varsovie, qui avait échappé aux
destructions de la guerre, des métiers à tisser avaient été préser-
vés. Dans les difficiles temps d'après-guerre, où non seulement
les matériaux mais aussi les installations techniques nécessaires
manquaient, elle y crée un lieu unique : l'Atelier expérimental de
tissage artistique, officialisé en 1951. Cet atelier réunit des artistes qui trouvent leur vocation dans le textile, justement. Ici, ils
peuvent perfectionner des solutions techniques, ils peuvent expérimenter et travailler.

Fig. 42
Magdalena Abakanowicz Metamorfizm,
Musée central des textiles de Łódź, 2018
Composition, 1960
→ N° 4

Fig. 43
Magdalena Abakanowicz Metamorfizm,
Musée central des textiles de Łódź, 2018
Composition de formes blanches, 1962
Musée central des textiles de Łódź

LAUSANNE. ESTIME ET CONFRONTATION

Grâce au soutien de Łaszkiewicz, Abakanowicz fait ses débuts à la 1re Biennale internationale de la tapisserie à Lausanne en 1962. Le règlement de l'événement exige des œuvres monumentales, d'une superficie minimale de douze mètres carrés. L'ambiance de compétition stimule encore l'imagination d'Abakanowicz. Łaszkiewicz met à sa disposition le plus grand métier à tisser, celui de deux mètres de large. Afin d'éviter de réunir des morceaux plus petits pour atteindre la surface requise, Magdalena Abakanowicz réalise une composition de six mètres de long.

Les œuvres d'Abakanowicz et des autres artistes polonais – Ada Kierzkowska, Jolanta Owidzka, Wojciech Sadley et Anna Śledziewska – ainsi que (hors de la sélection officielle) Maria Łaszkiewicz et Krystyna Wojtyna-Drouet, diffèrent fortement de celles réalisées soigneusement par les lissiers professionnels à partir de la laine la plus fine[17]. Créées avec des matériaux variés, directement sur le métier à tisser, elles irritent par leur poétique brute et reflètent la personnalité de chaque artiste. Elles suscitent des émotions fortes, allant de l'enthousiasme au rejet. Pourquoi? Il est difficile de combiner l'impétuosité et la spontanéité du tissage polonais, qui met l'accent sur les propriétés de la matière, avec les idées qui sous-tendent la tradition séculaire de la tapisserie française, une tradition qui enferme les tentatives de modernisation de son langage dans un cadre restreint de règles prédéfinies. Or, l'essence même du tissage polonais est de dépasser ce cadre. Cette caractéristique jaillit le plus de l'œuvre de Magdalena Abakanowicz, et c'est pourquoi c'est elle qui suscite le plus grand émoi et remporte l'estime du public.

Sa *Composition de formes blanches* fait l'objet d'un large débat. Cette composition moderne, géométrique et verticale, est réalisée avec des cordes de coton d'épaisseurs diverses et des surfaces de laine qui reflètent la lumière de différentes manières. C'est une œuvre fondamentalement autre, qui combine la pensée moderne en termes d'agencement avec la matérialité de diverses structures. Elle préfigure la révolution et le conflit qui éclate au grand jour lors de la 2e Biennale de 1965.

Cependant, avant cela, reconnue comme l'une des représentantes les plus importantes du renouveau dans la tapisserie, Abakanowicz est invitée, grâce à une bourse du gouvernement français, à effectuer un séjour de quatre mois à la découverte de la riche tradition de la tapisserie. Elle part donc en octobre 1962 et, dès le

20 novembre, elle inaugure une exposition personnelle à la galerie Dautzenberg à Paris. Le voyage à Aubusson, l'un des plus importants centres de tissage de France, est une expérience majeure qui débouche sur une réalisation étonnante (*Construction*, 1963), une transposition de la vision audacieuse et avant-gardiste de l'artiste dans le langage traditionnel de la tapisserie occidentale. Dans ce lieu, elle est censée comprendre l'essence de cet art et se « convertir », en revenant sur sa conception erronée. Elle ne se laisse pas convaincre. Elle continue dans sa voie, suivie en cela par des artistes et des critiques de plus en plus nombreux. Irena Huml, chercheuse et observatrice de l'histoire de la Biennale, rappelle qu'à chaque nouvelle rencontre à Lausanne, ce sont les réalisations d'Abakanowicz que tout le monde attend. Les spéculations vont bon train quant aux nouvelles œuvres qu'elle présentera et la direction que prendront ses expérimentations, on se demande comment elle va surprendre. Or elle surprend toujours, travaille constamment la matérialité du support souple et conduit le tissage à son autonomie.

Le milieu des peintres-cartonniers et des maîtres lissiers français entre alors en ébullition. On n'y cache plus ses inquiétudes ou son indignation. Le simple fait que l'artiste polonaise soit une femme et qu'elle réalise une œuvre monumentale de ses propres mains, fait sensation. Le milieu du tissage français est masculin et les artistes ne fabriquent pas eux-mêmes leurs projets. La théorie selon laquelle c'est le matériau qui doit guider l'artiste, qu'il faut l'écouter, lui donner la parole, le laisser vivre, est une hérésie – tout comme le fait que la tapisserie doit abandonner le carton, se libérer de l'imitation de la peinture et affirmer son autonomie en tant que domaine à part entière de l'art contemporain.

À son retour de France, Abakanowicz écrit une lettre à la directrice du Musée de l'histoire des textiles de Łódź, Krystyna Kondratiuk, principale organisatrice de la présentation polonaise à la Biennale[18]. Elle y résume le fond du problème créé par la participation des artistes polonais à Lausanne :

> Nous avons souvent exposé nos textiles dans différents pays, mais il s'agissait d'expositions comme beaucoup d'autres et aucune n'a autant attiré l'attention sur nous.
> Sur le marché européen, il n'y a que la tapisserie française, riche d'une grande tradition, produite par des milliers d'ouvriers qualifiés depuis des années, créée dans des centres-colosses superbement organisés d'où sortent chaque année des centaines de mètres carrés d'excellentes

tapisseries, reconnues par le marché comme l'unique forme digne de ce nom.

J'ai passé quatre mois dans ces ateliers. J'ai rencontré des peintres-cartonniers et des lissiers. Ils croient tous dur comme fer qu'il n'y a que la tapisserie française dans le monde et ses imitateurs. J'ai été invitée à des conférences données par Jean Lurçat – le fondateur du renouveau de la tapisserie française où j'ai appris que le développement de l'art textile dans le monde s'inspire de la France et de sa tradition.

C'est alors que j'ai réalisé que notre tapisserie [polonaise] est créée de manière totalement indépendante, qu'elle a des voies de développement qui lui sont propres, originales, fondées sur une base différente. Nos créateurs ne connaissent pas la tapisserie française, ils ne la prennent pas en exemple. D'un point de vue technique, ils cherchent des solutions dans la texture elle-même, totalement inconnues là-bas.

En même temps, j'ai observé avec une grande joie et une grande fierté qu'ils commençaient à parler de nous, de la Pologne, comme d'un problème qui leur était soudain arrivé après l'Exposition universelle [Biennale internationale de la tapisserie] de Lausanne. Un rival totalement inattendu et dangereux – un pays qui les avait dépassés, et de loin, dans l'innovation de sa recherche.

Permettez-moi de citer les déclarations de peintres-cartonniers célèbres de France et de Belgique :

[Mario] Prassinos : « Nous sommes entravés par nos traditions ; si je savais tisser, je tisserais comme vous. »

[Michel] Tourlière (directeur de l'École des arts décoratifs d'Aubusson) : « [...] sans la Pologne, la Biennale serait un événement sans importance. Vous avez ouvert devant nous de nouvelles possibilités de tissage totalement inconnues. »

[Edmond] Dubrunfaut (Belgique) : « Les créateurs de votre tapisserie moderne se basent sur la liberté de la texture du tissage folklorique, c'est pourquoi vous êtes originaux et uniques et vous avez conçu le nouveau visage de la tapisserie. »

J'écris tout cela en quelques mots, mais il y a eu beaucoup de ces réunions et de ces discussions. J'y rencontrais constamment cet intérêt pour nous, un intérêt frôlant l'anxiété[19].

Suite à ce voyage, l'artiste polonaise reçoit de nombreuses preuves de reconnaissance. Irena Huml publie dans son article un long extrait d'une lettre de l'artiste français Dom Robert. Il écrit à Abakanowicz après sa visite à Aubusson où il a vu sa tapisserie. Il est tellement impressionné que, dès le lendemain, il prend rendez-vous pour visiter la galerie La Demeure à Paris afin de mieux cerner le travail de cette Polonaise qu'il ne connaissait pas. Dans sa lettre, il écrit : « Toutes nos tapisseries d'Aubusson que je regardais m'ont paru terriblement sèches. Il n'y a en elles que l'accord habituel entre un peintre et un lissier, semblable à un accord diplomatique entre deux pays, en aucun cas une compréhension ou une unité complète. Voilà notre drame insoluble. Cela fait des années que je cherche et je ne trouve pas d'issue[20]. » Il semble avoir vu l'essence de l'œuvre d'Abakanowicz : l'union complète avec la matière à laquelle l'artiste transfère son énergie, confie ses secrets et dont elle tire un enseignement. Dans l'introduction de l'un de ses catalogues, Abakanowicz parle du rythme de création imposé par le rythme de son corps, de ses respirations, de sa circulation sanguine[21].

L'artiste est attirée par les grandes dimensions et par l'espace, par l'ampleur d'une action. Une visite à la documenta III de Cassel en 1964 stimule son imagination. Elle est séduite par le monumentalisme des solutions, un monumentalisme qui confère une liberté d'expression et happe le spectateur. Elle sait que c'est sa voie, que ce n'est qu'ainsi qu'elle pourra créer son propre espace. Elle construit donc un métier à tisser de trois mètres de large et écrit à l'École technique de tissage artistique Helena Modrzejewska de Zakopane pour que l'on identifie des personnes qui pourraient l'aider à réaliser des ouvrages de grande taille[22]. À partir de ce moment-là, Stefania Zgudka devient le prolongement de sa main, la réalisatrice de ses visions. Elle l'accompagnera jusqu'à la fin ; elles se comprendront sans un mot.

L'année 1965 est pour Abakanowicz une suite de succès, qui débute en mars par l'exposition à la Galerie nationale d'art Zachęta à Varsovie. Elle y montre une quinzaine de tapisseries de grande taille. Mais s'agit-il encore de tapisserie ? L'échelle de ses œuvres fait ressortir davantage la richesse de la matière et des structures. Les échos du conflit sur la classification de ces textiles résonnent encore, même s'il semble qu'en Pologne la question soit réglée. Wiesław Borowski remarque :

> [...] le fait d'associer cette œuvre à la tapisserie semble générer plus de bénéfices pour cette dernière discipline que pour le développement de l'art d'Abakanowicz à proprement parler. Le cadre de référence de la tapisserie est déjà insuffisant pour caractériser cet art et pour en saisir l'envergure. [...] Certains critiques parlent de l'influence de l'art contemporain sur les tapisseries d'Abakanowicz. Ils ont peut-être partiellement raison. Mais dès que l'on abandonne l'idée de tapisserie, la notion d'influence cesse de fonctionner. À sa place, c'est la notion générale des problèmes de l'art contemporain et la participation des œuvres d'Abakanowicz à la scène artistique actuelle qui apparaissent[23].

Fig. 44
Helena, 1964-1965
→ N° 11

Fig. 45
Sans titre, collage de papiers peints et découpés, 1965
→ N° 14

Fig. 46
Magdalena Abakanowicz: Every Tangle of Thread and Rope,
Tate Modern, Londres, 2022-2023
Boule noire, 1975, *Abakan rouge*, 1969, et *Abakan orange*, 1968
→ N° 37, N° 24, N° 23

CONCEPTS ARTISTIQUES ET MISE EN ESPACE

Car ce n'est pas seulement le développement du mode d'expression, pas seulement l'introduction de nouveaux matériaux comme le crin de cheval ou d'éléments métalliques qui font que la technique échappe aux notions associées à la discipline du textile. Selon Borowski, c'est avant tout le large éventail de concepts artistiques, la réflexion sur les rythmes de composition et sur la nature des significations qui font qu'il est difficile de penser encore aux réalisations de cette artiste en termes de tissage. Elle s'intéresse à la nature organique des structures qui exclut l'esthétisation et à la transformation de la matière. Autant l'art informel explorait la matière de la peinture, autant l'artiste fait ici ressortir toute une série de propriétés physiques qui appartiennent aux matériaux naturels. La variété des substances et des épaisseurs de la matière filée à la main, ses formes irrégulières, et le fait que ces œuvres sont réalisées par l'artiste elle-même sur le métier à tisser, fondent le caractère exceptionnel de ses pièces. Mais ce n'est pas la technique seule qui détermine l'expression artistique, c'est l'excellente composition rendue par une riche diversité de tissages. Grâce à l'utilisation de différents matériaux, les surfaces blanches dévoilent la construction, les autres zones sont différenciées à l'aide de textures variées. Comment est-il possible que, pendant si longtemps, l'art textile n'ait non seulement jamais exploité ses possibilités, mais qu'il les ait même dissimulées, alors qu'en peinture, sous la forme de l'action painting, la matérialité avait déjà été découverte une douzaine d'années plus tôt[24] ? Après tout, Abakanowicz devait être à l'écoute des mêmes idées qui donnaient le ton des beaux-arts.

Parmi les compositions de grand format présentées à la Galerie nationale d'art Zachęta en 1965, cinq sont accrochées dès septembre à la VIIIᵉ Biennale d'art de São Paulo. Invitée par Ryszard Stanisławski, le commissaire de la section polonaise, Abakanowicz y connaît un succès retentissant, se voyant attribuer la médaille d'or. Mais là aussi, le problème de l'affiliation et de la catégorisation de son œuvre se pose. Ses créations, aux côtés de celles de Sadley et d'Owidzka, sont exposées dans la catégorie des arts appliqués. Abakanowicz ne s'est pas rendue à l'inauguration, elle manquait d'argent et n'avait pas obtenu de passeport.

L'exploration de nouveaux espaces, la transformation de la matière donnent du sens à son œuvre. Elle veut inventer quelque chose de son cru, quelque chose que personne n'a fait avant elle. Elle est en proie à une certaine impatience qui la pousse à cher-

cher de nouvelles solutions. Les formes continuent sans cesse à se transformer, leurs structures gonflent, le relief de leurs surfaces s'accentue, ses œuvres investissent lentement l'espace. Les fils de la trame deviennent de plus en plus épais, ils révèlent l'intérieur à travers des fentes et des renfoncements tandis que les fibres qui les forment ressemblent au système sanguin d'organismes vivants. L'aspect organique explique leur force. En 1965, Magdalena Abakanowicz est invitée à la 1re Biennale des formes spatiales d'Elbląg, une exposition inscrite dans l'espace urbain. Elle y crée une sculpture en tôle de sept mètres de haut : on peut entrer dans cet arbre énorme, se cacher en lui. Cependant, l'arbre est mort. L'acier inerte ne palpite pas de cette énergie qu'Abakanowicz transfère d'ordinaire à la matière molle, une énergie qui semble faire éclater les formes de ses œuvres de l'intérieur. Et si l'arbre était fait de matière « animée », de sisal au lieu de tôle ? Et si les formes organiques étaient libérées, si on leur donnait l'espace et l'air dont tout être vivant a besoin ? Il faut avant tout les séparer du mur, mais aussi de tout support. En 1970, elle écrit : « Une forme dressée est un message clos. Elle ne réagit pas au flux d'air ni au toucher. C'est une forme définie une fois pour toutes. Une forme suspendue en revanche réagit au toucher, recueille son énergie et répond de toute sa surface par le mouvement, change d'aspect et de position dans l'espace. C'est un phénomène défini par le laps de temps déterminé par la quantité d'énergie transmise et qui s'achève par un retour à une position statique[25]. » Dès lors, il n'est plus possible de comparer son art à la peinture. Les questions relevant de la sculpture s'imposent clairement à l'artiste et les matériaux utilisés offrent une gamme d'expériences sensorielles complètement différente, plus large. C'est un art distinct, nécessitant de nouveaux concepts. Ainsi sont nés les *Abakans*, ces créations monumentales qui dominent par leur taille et introduisent le spectateur dans une toute nouvelle réalité sensorielle.

Cet aspect de ses œuvres est parfaitement montré dans le film *Abakany* (réalisé par Jarosław Brzozowski et Kazimierz Mucha en 1969-1970) qui explique le rapport d'Abakanowicz à la matière. On y voit l'importance de l'expérience sensorielle, de la pénétration des espaces intérieurs, de la création de ses propres mondes. L'artiste et des acteurs y mettent en mouvement les grands corps des *Abakans*, ils discernent leurs structures par le toucher. Certaines prises de vue, réalisées par l'excellent documentariste Jarosław Brzozowski dans un paysage lunaire de dunes sur les bords de la mer Baltique, montrent les *Abakans* sortis du contexte des galeries, ce qui perturbe leur échelle, les rendant irréels. Inscrits dans le rythme de la nature, ils retrouvent en quelque sorte les sources

Fig. 47
Magdalena Abakanowicz travaillant
sur *Abakan jaune*, Varsovie, vers 1968

Fig. 48
Tournage du documentaire *Abakany*, 1969
Łeba, côte de la mer Baltique, Pologne

Fig. 49
Abakan noir en trois parties, 1972
Musée central des textiles de Łódź

archétypales de leur origine. Pour Brzozowski, la compréhension de l'art n'est possible qu'à travers un homme-acteur. Il est fasciné par l'énigme de l'inspiration et veut aller à sa source. Au cours de nombreuses heures de conversations, il essaie de comprendre l'artiste et de capter la genèse de son art. Abakanowicz lui explique que la texture ne l'intéresse pas, qu'elle est désormais plus proche des problèmes de la sculpture que du tissage. Les mots de l'artiste tirés d'une conversation avec Judith Bumpus en 1974 peuvent illustrer d'avantage ce propos : « Un matériau tissé est mobile. Il répond aux gens et ceux-ci réagissent à son contact. Si je l'accroche à l'extérieur, le vent le fera bouger. Il a une vie propre qu'aucune autre matière ne possède[26]. » Abakanowicz se rappelle que les scènes montrant ses *Abakans* monumentaux dans un paysage naturel ont constitué une expérience importante pour elle, une expérience qui a donné lieu à une série d'expositions visant à expliquer la mystérieuse nature du textile. Au cours d'une scène, on voit les « corps morts » des *Abakans*, suspendus à des perches en bois, être transportés en haut des dunes et redressés pour prendre vie sous l'effet du vent[27].

La réalisation des *Abakans* est très exigeante. « Mes œuvres grandissent à un rythme lent comme des créations de la nature, et comme elles, elles sont organiques et, comme des créations de la nature toujours, elles retourneront à la terre avec le temps », écrit-elle dans l'introduction du catalogue de l'une de ses expositions personnelles[28]. Autant les compositions destinées à être présentées sur un mur sont réalisées sur un métier à tisser, autant les formes spatiales naissent sur des cadres d'environ deux mètres sur un mètre cinquante. Stefania Zgudka se souvient que le processus de recherche était fascinant[29]. Une fois achevés, les fragments séparés sont assemblés et cousus ensemble dans l'espace. Magdalena Abakanowicz sait parfaitement quelle forme elle recherche, elle ne fait pas de croquis. Si elle n'est pas satisfaite, elle apporte des modifications. Il lui arrive d'interrompre le travail sur un *Abakan* pour en commencer un autre, mais elle revient toujours au premier avec une nouvelle vision et termine une fois arrivée au résultat escompté. C'est un processus continu, une métamorphose des structures et des formes. Parfois, des objets déjà achevés changent d'aspect. L'histoire d'une œuvre de la collection du Musée central des textiles de Łódź peut servir ici d'exemple. Acheté après une exposition en 1972, l'*Abakan noir en trois parties* n'est plus composé aujourd'hui que de deux éléments. L'artiste, insatisfaite du fonctionnement du nœud central reliant les deux ailes de l'*Abakan*, a décidé de le réduire au silence en cousant ensemble deux pans verticaux indépendants jusque-là[30].

Les débuts internationaux des *Abakans* ont lieu lors d'une exposition personnelle à Zurich. C'était en 1968 et Magdalena Abakanowicz, huit ans seulement après avoir commencé à expérimenter des surfaces traitées en relief dans l'atelier de Łaszkiewicz, montre au monde avec quelle audace elle brise les murs qui séparent les domaines artistiques. Les territoires de la sculpture n'ont pour elle plus de secrets.

Cette révolution du tissage artistique ne peut passer inaperçue des critiques, des historiens d'art et des commissaires. L'exposition *Wall Hangings*, ouverte au Museum of Modern Art de New York en février 1969, est donc un moment clé. Les commissaires Mildred Constantine et Jack Lenor Larsen y regroupent des œuvres de vingt-huit artistes venus de huit pays, dont pas moins de six Polonais (Abakanowicz, Zofia Butrymowicz, Barbara Falkowska, Ewa Jaroszyńska, Jolanta Owidzka, Wojciech Sadley). L'exposition montre une nouvelle façon de développer le tissage artistique et le situe dans le contexte de l'art du XXᵉ siècle. Pourtant, bien que l'on ait compris la nécessité de réviser les idées reçues sur le tissage, considéré jusqu'alors comme de l'artisanat, l'exposition est préparée par le département du design et d'architecture du musée. On peut se demander si cette exposition – bien qu'elle ait montré la tapisserie sur fond d'art moderne – ne consolidait pas en réalité ces divisions.

Deux œuvres d'Abakanowicz sont visibles au MoMA : *Abakan 27*, une tapisserie structurelle destinée à être présentée sur un mur, mais qui rompt avec la planéité par de nombreux éléments en relief. La seconde, le monumental *Abakan jaune*, est une œuvre en trois dimensions. Il émerveille par sa forme organique débridée, sa taille, sa couleur et, surtout, par son approche avant-gardiste de la matière. Il navigue entre les disciplines. Malheureusement, placé dans une niche peu éclairée, il fut privé d'espace ; conformément au titre de l'exposition, on le place sur un mur, le contraignant dans son autonomie[31]. Là encore, l'œuvre est subordonnée aux règles établies depuis des siècles. Frances Morris, directrice de la Tate Modern de Londres, a récemment rappelé : « Est-ce pour cette raison que Louise Bourgeois, dans sa critique de l'exposition, s'est montrée particulièrement cinglante à l'égard de l'œuvre d'Abakanowicz, reprochant à l'artiste de ne pas avoir saisi le potentiel sculptural et architectural du textile, potentiel qui deviendra central dans les goûts artistiques de Bourgeois elle-même plus d'une décennie plus tard[32] ? » Ce malentendu démontre à quel point le textile est associé à l'artisanat ; lorsqu'elle n'est pas correctement exposée, la réception de l'œuvre d'Abakanowicz en est faussée.

Fig. 50
Magdalena Abakanowicz Metamorfizm,
Musée central des textiles de Łódź, 2018
Abakan jaune, 1970
→ N° 26

Fig. 51
Magdalena Abakanowicz. Textil Skulptur, Textile Environment, Konsthall, Södertälje, 1970

Fig. 52
Magdalena Abakanowicz: Every Tangle of Thread and Rope, Tate Modern, Londres, 2022-2023
Abakan janvier-février, 1972,
et *Abakan orange*, 1971
→ N° 33, N° 29

Fig. 53
Magdalena Abakanowicz,
Museum of Contemporary Art
au Public Cultural Center,
Chicago, 1982

Pour l'artiste, mettre en relation ses œuvres directement dans les espaces de la galerie devient alors l'essence même de son exploration créatrice. Dès le début, elle pense la tapisserie comme une forme d'expression artistique inscrite dans l'espace d'une pièce. Des expériences de plus en plus audacieuses la conduisent à des formes autonomes qui puisent leurs contours dans un monde biologique à la fois beau et inquiétant, rempli de forces vitales. La grossièreté de la matière ne permet plus de lire ces œuvres en termes de décoration.

L'EXPOSITION. UNE ŒUVRE TOTALE

Dès le début des années 1970, Abakanowicz aborde les expositions comme une œuvre d'art à part entière. Elle réalise sa première exposition traitée comme une installation en 1970 au Södertälje Konsthall en Suède. Dans une lettre adressée à Eje Högestätt, le directeur de l'institution, elle écrit : « Je voudrais occuper une partie de la pièce avec un énorme nœud fait de cordes à travers lequel les spectateurs devraient passer pour atteindre mes compositions, densément regroupées. Je voudrais montrer ces compositions en changeant leur forme normale, en les suspendant au plafond ou en les étalant partiellement au sol de sorte que l'on puisse difficilement se déplacer entre elles. Il y en aurait environ douze à quinze. Je m'attacherai à montrer un rôle du textile différent de celui auquel les gens sont habitués[33]. »

Elle ne traite pas cette exposition comme une présentation de ses œuvres, mais plutôt comme la création d'une « situation » que le spectateur est invité à vivre, une situation qui provoque sa surprise et, par conséquent, l'abandon de la manière dont il percevait l'art textile jusque-là. L'artiste vise un apprentissage intuitif à plusieurs niveaux. L'exposition marque le début d'une série qui, d'une certaine manière, s'oppose à la perception des pièces dans le cadre étroit de l'habitude et du regard traditionnel.

« En 1970, j'ai commencé à utiliser mes formes tridimensionnelles d'une manière différente, en transformant leur aspect initial et en les regroupant de différentes façons dans les espaces d'exposition. Parmi les nombreux problèmes qui m'ont poussée à agir ainsi, il y avait le désir de montrer la variabilité contenue dans chaque objet souple. Cette variabilité est sa vie, les objets durs ne la possèdent pas[34]. » Elle est fascinée par les possibilités de sculpter l'espace ou de rechercher sa musicalité, comme elle le disait elle-même. Elle s'intéresse à « la mélodie qui résulte de l'augmentation ou de l'affaiblissement de tensions entre zones denses ou fines d'un système, des zones qui constituent pourtant un ensemble indivisible. » Elle souhaite que ses « expositions ne soient pas vues comme des collections d'objets, mais comme des ensembles constitués de relations entre pleins et vides, entre plans et masses, entre lumière et obscurité. La possibilité de transformer chaque objet élargit ma conscience de l'objet lui-même et fait apparaître de nouvelles possibilités de formes, bien que subordonnées à l'ensemble, mais redécouvertes[35]. »

Penser l'espace lui est familier. Déjà, la constitution des corps monumentaux des *Abakans* est rendue possible par un ressenti du volume digne d'un sculpteur. Si on ajoute à cela les relations entre les différents « acteurs » d'un espace d'exposition, un monde de formes distinct en émerge. Chaque exposition est un théâtre indépendant de formes qui, dans les musées, jouent des rôles légèrement différents. Ce n'est qu'en reliant les particularités des espaces d'accrochage, de l'éclairage et des tensions entre objets que l'on peut bâtir le récit et l'atmosphère d'une exposition. Abakanowicz voulait que le spectateur, en pénétrant dans l'espace qu'elle avait créé, vive des expériences nouvelles et inconnues.

Elle redimensionne donc l'architecture conçue pour des proportions humaines, or la monumentalité de ses œuvres submerge déjà un peu le spectateur ; le jeu des ombres, les tensions entre les objets créent une situation dans laquelle le spectateur doit reprendre ses marques. La taille des œuvres doit aussi induire une expérience sensorielle, encourager à pénétrer les objets, comme le répétait l'artiste elle-même. La forme intérieure est pour Abakanowicz aussi importante que son extérieur.

Sa rencontre avec Stanisław Zamecznik n'est probablement pas sans importance. Invités tous deux à collaborer par Stanisław Teisseyre, alors recteur de l'École supérieure publique des arts plastiques de Poznań, ils y deviennent enseignants à partir de 1965. Pour Abakanowicz comme pour Zamecznik, le problème de la structuration de l'espace est crucial, et la manière dont les œuvres sont exposées détermine leur réception. Il est arrivé qu'Abakanowicz modifie la forme d'une œuvre déjà « achevée » parce que, dans un espace donné, cette nouvelle forme était plus appropriée et interagissait mieux avec l'espace. On pourrait dire que ses œuvres étaient « vivantes », constamment soumises à de nouveaux contextes. En 1975, elle écrit :

Avec le recul, je vois ces expositions comme beaucoup moins abstraites, mais davantage comme des actes ou des défis, comme une sorte de cérémonie silencieuse et statique. Le spectateur est « introduit » dans des zones de sensations, « confronté » aux objets qui l'attendent. J'imprègne cette zone de moi-même pendant des jours. Les œuvres sont comme des acteurs à qui j'impose un rôle à tenir. Elles participent à un certain rituel, avec un temps fixe pour « devenir » – lorsque je travaille sur elles – et puis un temps d'émanation de l'énergie reçue, lorsqu'elles interagissent avec le public. Ces deux périodes ont une très grande importance pour moi[36].

L'artiste considère son œuvre comme « ouverte », le processus d'interaction est inscrit dans son essence même ; il y a un échange constant d'énergie entre l'œuvre et le spectateur. Abakanowicz attache une grande importance à la perception multisensorielle de ses œuvres ; les examiner grâce aux recherches les plus récentes apporte un éclairage nouveau sur ses pratiques artistiques. Actuellement, l'aspect matériel de ses œuvres est analysé dans le contexte du nouveau matérialisme et du rôle des sens dans le processus de réception des œuvres, de l'haptique augmentée ou du posthumanisme. La chercheuse Marta Smolińska soulève ces questions dans ses analyses et rappelle l'avis d'Ann-Sophie Lehmann selon laquelle la question du rôle des matériaux dans l'art n'a pas été suffisamment étudiée par les historiens – elle considère les matériaux comme des agents actifs dans le processus de création[37].

Un autre type d'interaction avec l'espace consiste à sortir de l'aire close d'une galerie pour pénétrer l'espace urbain. Ainsi, Abakanowicz coupe le paysage citadin avec une corde qui prend alors une signification importante et dérangeante. En 1973, dans une lettre à Jasia Reichardt, elle écrit : « En tant qu'objet, la corde me donne le moyen de contrôler l'espace ; elle me touche et m'intéresse. On peut dessiner avec elle. Comme la ligne tracée par un crayon, elle m'offre une continuité sans fin. Elle peut apparaître et disparaître. Elle peut être visible aux endroits que j'ai sélectionnés. Elle peut pénétrer à l'intérieur d'un espace architectural depuis l'extérieur, connecter des objets entre eux et en partie les séparer. Elle peut être mise en pause jusqu'au mouvement suivant, puis reprendre sa progression vers chacun des espaces choisis[38]. »

La corde est comme un fragment de système sanguin, un muscle indépendant ou une plante rampante qui attaque le bâti. L'artiste libère consciemment cette forme qui doit évoquer des structures organiques et nous rappeler à quel point les créations de l'intellect humain ainsi que ses capacités se sont éloignées du monde de la nature. La signification de la corde dans ses actes possède une dimension supplémentaire. La corde apparaît pour la première fois dans l'*Abakan* que l'artiste présente en 1969 à Sopot, puis devient autonome lors des présentations suivantes dans d'autres villes. Toutefois, tout provient d'un fil unique. C'est précisément l'élément qui est le plus important pour Abakanowicz et représente pour elle le plus grand mystère : « C'est un fil qui construit les organismes vivants, les plantes, les tissus des feuilles et nous-mêmes, nos nerfs, notre code génétique, nos veines, nos muscles. Nous sommes des structures fibreuses. Notre cœur est entouré par le plexus coronaire, le nœud des artères les plus importantes. En prenant un fil dans la main, nous touchons au mystère[39]. » Ces mots de l'artiste paraissent particulièrement intéressants dans le contexte des récentes interrogations sur la place de l'homme dans l'univers. Nous vivons actuellement à la lisière d'une époque centrée sur l'homme qui donne la mesure du monde et du posthumanisme. Nous passons de l'anthropocentrisme à l'allocentrisme – nous abandonnons le regard orienté sur l'individu pour élargir notre champ de vision et porter notre attention sur d'autres espèces.

Abakanowicz faisait très attention à ne pas être incluse dans une quelconque tendance, à ce que son art ne soit pas catégorisé. Voulant se distancer de la perception de son œuvre dans le contexte de l'art environnemental, elle écrit : « [...] il s'agit d'une simplification qui n'explique rien. Les motifs de mon action sont ici trop complexes pour être homogénéisés de la sorte. Je considère que de telles affectations d'appartenance, faites par autrui, constituent une restriction de la liberté, de l'imagination et des sentiments[40]. » Elle craint que considérer son art dans le cadre de pratiques existantes ne dévalorise son message et ne le prive de sa dimension d'expérience spirituelle.

Les réalisations d'Abakanowicz font partie de l'histoire de l'art et s'inscrivent dans de nombreux courants. De plus en plus souvent, elles sont réinterprétées et présentées dans des analyses d'expositions thématiques. En 2007, la commissaire d'exposition Cornelia Butler a inscrit le très érotique *Abakan rouge* de 1969 dans le fil narratif d'une exposition remarquée, *WACK! Art and Feminist Revolution*. Lorsqu'un journaliste demande à Abakanowicz si ça lui plaît que son œuvre soit incluse dans une exposition à thématique féministe, elle répond : « Cela ne m'affecte pas négativement. Je me réjouis que dans cette exposition, l'*Abakan* soit à nouveau l'intrus. On y trouve une section érotique, très contemporaine, mais créée avec un langage différent. Bien qu'érotique lui aussi,

Fig. 54
Paysage I-IV, 1976
→ N° 42

l'*Abakan* n'y trouve pas sa place. Cela me suffit[41]. » Quand le journaliste lui demande si cela vient d'un besoin de se différencier, elle répond : « Ça vient du fait que j'ai toujours considéré certaines choses établies comme une raison pour protester[42]. » Pourtant, l'art de Magdalena Abakanowicz fait aujourd'hui l'objet d'une analyse approfondie d'artistes contemporaines et de chercheuses qui remarquent des thèmes féministes dans ses œuvres. Pendant des années, les expositions consacrées à l'artiste se concentraient sur la sculpture ; aujourd'hui, elles mettent à nouveau en lumière ses œuvres textiles les plus révolutionnaires, des œuvres qui, d'une part, défient toute classification et, de l'autre, ouvrent la voie à un vaste champ d'interprétations. Elles représentent désormais pour les scientifiques un domaine d'analyse multidimensionnel fascinant.

Marta Kowalewska
Conservatrice en chef du Musée central des textiles de Łódź

1 Conversation avec Magdalena Abakanowicz, « Głód tłumu » (La Faim de la foule), entretien réalisé par Jakub Janiszewski, *Wysokie Obcasy* (supplément de *Gazeta Wyborcza*), n° 30 (483), 2008, p. 32.

2 *Ibid.*

3 Demande de transfert, 11 octobre 1950, archives du département d'enseignement de l'Académie des beaux-arts de Varsovie.

4 Joanna Kania, « Patchwork », in Maryla Sitkowska (éd.), *Powinność i bunt (Devoir et rébellion)*, Galerie nationale d'art Zachęta, Académie des beaux-arts de Varsovie, Varsovie, 2004, p. 291.

5 Irena Huml, *Współczesna tkanina polska (Textile polonais contemporain)*, Arkady, Varsovie, 1989, p. 27.

6 Elle connaissait bien les caractéristiques des œuvres liées à l'architecture. Elle a participé au travail de conception du quartier Osiedle Młodych à Varsovie, elle a réalisé des tissus aux foires de Poznań et de Leipzig, ainsi que pour le bureau de la compagnie aérienne PANAM et pour une exposition du quartier Osiedle Młodych. Elle y a conçu un textile comme décoration d'intérieur qui, dès la fin de l'exposition, a été acheté par l'une des familles d'ouvriers.

7 « Tkanina artystyczna » (La Tapisserie), *Stolica*, n° 34, 1956, p. 11.

8 Eleonora Plutyńska, « Mój życiorys » (Ma biographie), in *Profesor Plutyńska i jej krąg (Professeur Plutyńska et son entourage)*, cat. exp., Musée de l'histoire des textiles de Łódź, 1970.

9 « Głód tłumu » (La Faim de la foule), *op. cit.*, p. 32.

10 Ryszard Dzikowski, « Konkurs Ładu » (Concours de l'Ordre), *Przemysł Ludowy i Artystyczny*, n° 3, 1956, p. 68.

11 Son amitié avec Stażewski aboutira à une œuvre réalisée en 1964 d'après le dessin du peintre : Magdalena Abakanowicz, *Według rysunku Stażewskiego/Kompozycja 32 (Selon le dessin de Stażewski/Composition 32)*, de la série Próby (Essais), 1964, localisation inconnue.

12 D. W., « Tkaniny malowane Magdaleny Abakanowicz-Kosmowskiej » (Tissus peints de Magdalena Abakanowicz-Kosmowska), *Przegląd Kulturalny*, n° 16, 1959, p. 8.

13 Jacek Sempoliński, « Wystawy i problemy » (Expositions et problèmes), *Przegląd Kulturalny*, n° 18, 1960, p. 8.

14 *Ibid.*

15 *Ibid.*

16 *Magdalena Abakanowicz*, Wojciech Krukowski (éd.), cat. exp., Centre d'Art Contemporain Château Ujazdowski, Varsovie, 1995, p. 30.

17 Seule l'œuvre de Wojciech Sadley intitulée *Oświęcim (Auschwitz)* a été réalisée sous la supervision étroite de l'artiste à la coopérative artisanale Wanda de Cracovie. Elle ne surprenait pas par sa forme, mais par son sujet et le caractère dramatique de son message.

18 Krystyna Kondratiuk était la commissaire de la section polonaise. Grâce à son caractère, sa foi dans l'originalité des œuvres des artistes polonais et sa détermination pour surmonter de nombreuses difficultés, des artistes de l'Académie des beaux-arts de Varsovie ont pu participer à la première édition de la Biennale de Lausanne. Elle s'est battue pour obtenir les matériaux et les ressources nécessaires à la réalisation des œuvres, monumentales pour l'époque, ainsi que des fonds pour permettre leur transport jusqu'en Suisse.

19 Lettre d'Abakanowicz à Krystyna Kondratiuk, 27 mars 1963, archives privées de Janusz Kondratiuk.

20 Irena Huml, « Tkanina monumentalna Magdaleny Abakanowicz » (L'œuvre textile monumental de Magdalena Abakanowicz), *Projekt*, n° 4, 1963, p. 17.

21 *Magdalena Abakanowicz tkanina (Les textiles de Magdalena Abakanowicz)*, cat. exp., Bureau d'expositions artistiques BWA à Łódź, 1978 (exposition dans le cadre de la Triennale internationale de la tapisserie de Łódź, 1978).

22 Entretien avec Stefania Zgudka, interviewée par Julita Deluga, in *Magdalena Abakanowicz. Les Abakans*, cat. exp., galerie Starmach, Cracovie, 2015, p. 13.

23 Wiesław Borowski, [introduction], in *Wystawa gobelinów Magdaleny Abakanowicz (Exposition de tapisseries de Magdalena Abakanowicz)*, cat. exp., Union des artistes polonais, Galerie nationale d'art Zachęta, Varsovie, 1965.

24 *Ibid.*

25 Magdalena Abakanowicz, *Kształt zawisły w przestrzeni (Forme suspendue dans l'espace)*, 1970, document tapuscrit, archives de l'artiste.

26 Entretien avec Magdalena Abakanowicz, « Rope Environments », interviewée par Judith Bumpus, *Art and Artists*, n° 9, 1974, p. 36-41.

27 Magdalena Abakanowicz, conférence « Fiberworks: Symposium on Contemporary Textile Art », in *Magdalena Abakanowicz. Writings and Conversations*, sous la dir. de Mary Jane Jacob et Jenny Dally, Skira, Milan, 2022, p. 51.

28 *Magdalena Abakanowicz tkanina*, op. cit. p. 5.

29 Entretien avec Stefania Zgudka, op. cit., p. 19.

30 Lors de la mise en place de l'exposition collective *Tkanina artystyczna w 40-lecie PRL (Tissage artistique à l'occasion du 40ᵉ anniversaire de la République populaire de Pologne)* à la Galerie nationale d'art Zachęta de Varsovie en 1984, un compte rendu détaillé de l'événement a été rédigé par Mirosław Owczarek, un employé de longue date du Musée central des textiles de Łódź. Document tapuscrit du dossier de l'artiste au département du textile artistique du musée.

31 En fin de compte, la valeur de l'œuvre a été reconnue et, grâce aux efforts des conservateurs, elle est entrée dans la collection du musée. Elle a été incluse dans l'exposition *Making Space: Women Artists and Postwar Abstraction*, Museum of Modern Art, New York, avril-septembre 2017.

32 *A Memorial Tribute. Magdalena Abakanowicz 1930–2017*, Museum of Modern Art, New York, 2018, p. 22.

33 Lettre de Magdalena Abakanowicz à Eje Högestätt, 8 août 1969, in *Magdalena Abakanowicz. Writings and Conversations*, op. cit., p. 99-100.

34 Magdalena Abakanowicz, « Teksty archiwalne. Rzeźbienie przestrzeni » (Textes d'archives. Sculpter l'espace), 1975, document tapuscrit des archives de l'artiste.

35 *Ibid.*

36 *Ibid.*

37 Marta Smolinska, *« Abakany » : z takich nitek jest uplątane ciało (« Abakans » : le corps est emmêlé de ces fils)*, in cat. exp. *Magdalena Abakanowicz. Jesteśmy strukturami włóknistymi (Magdalena Abakanowicz. Nous sommes des structures de fibres)*, Poznań, 2021, p. 89-138.

38 Lettre à Jasia Reichardt, 3 avril 1973, in *Magdalena Abakanowicz. Writings and Conversations*, op. cit., p. 114.

39 Wojciech Krukowski, op. cit., p. 32-33.

40 *Ibid.*

41 « Głód tłumu » (La Faim de la foule), op. cit., p. 33.

42 *Ibid.*

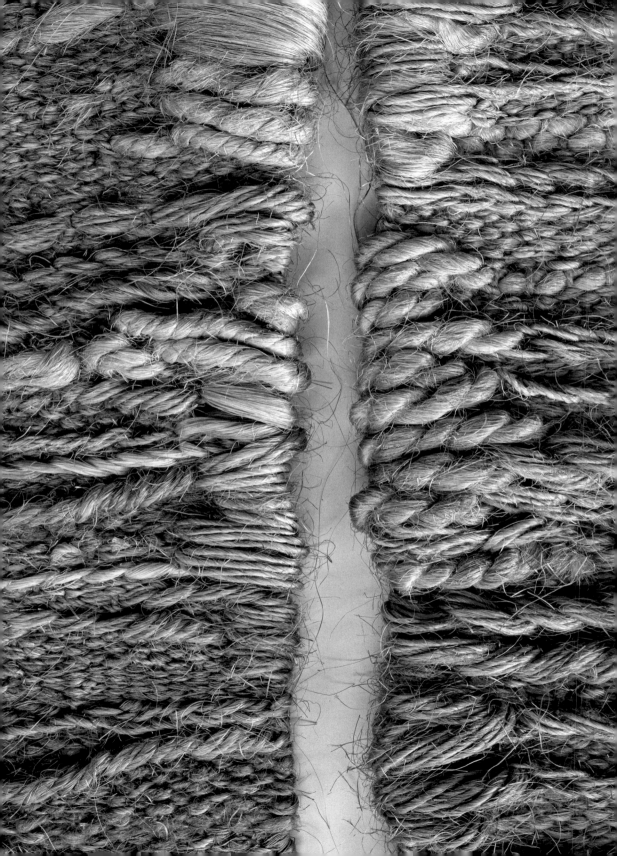

Chronologie

1930-1944

Naissance de Marta Magdalena Abakanowicz le 20 juin 1930 sur le domaine de Falenty, un village près de Varsovie. Son père Konstanty a des origines russes et tatares et sa mère Helena-Zofia Domaszowska fait partie de la noblesse polonaise. Jusqu'à la guerre, la famille partage son temps entre Falenty et le manoir familial de la forêt de Krępa, où elle s'installe définitivement. Magdalena et sa sœur aînée Teresa (Terenia) sont éduquées à la maison. Solitaire, la jeune fille observe et expérimente la nature et ses mystères.

Invasion de la Pologne en septembre 1939 par l'armée allemande, puis par les troupes soviétiques, marquant le début de la Seconde Guerre mondiale. En 1943, des soldats allemands blessent gravement sa mère qui perdra un bras. La famille s'enfuit à Varsovie mais la ville est rasée en 1944 en répression de l'insurrection de ses habitants. L'adolescente est active dans un hôpital de campagne.

Inscrite à la fin de la guerre à l'École secondaire publique des arts visuels de Gdynia, elle étudie dès 1949 le tissage à l'École supérieure nationale des beaux-arts de Sopot. Quand le département textile de l'École ferme un an plus tard, elle rejoint l'Académie des beaux-arts de Varsovie où elle suit les classes de peinture et de textile. Elle pratique le tissage sous la conduite de Mieczysław Szymański, Anna Śledziewska et Eleonora Plutyńska. Elle rencontre Jan Kosmowski (1930-2018) qui suit des études d'ingénieur à l'École polytechnique.

Introduction de la doctrine du réalisme socialiste et nouvelle politique culturelle restrictive en Pologne à partir de 1949. Les écoles d'art sont placées sous contrôle étatique. Après la disparition de Staline en 1953, la vie culturelle bénéficie d'une période de dégel jusqu'au début des années 1960. Un vent de renouveau souffle sur la capitale en reconstruction.

1954-1961

Après l'obtention de son diplôme en 1954, elle travaille dans une industrie de production de soie comme designer de tissus de mode et d'ameublement. Elle se lie d'amitié avec le peintre de l'avant-garde constructiviste Henryk Stażewski (1894-1988), qui accueille dans son studio les plus importants artistes et intellectuels de Varsovie.

Elle prend part à un concours – organisé par la Coopérative des artistes plasticiens (ŁAD) et l'Union des coopératives de l'industrie populaire et artistique (Cepelia) – pour la création d'un modèle destiné à être exécuté en tapisserie. Récompensée par un prix, elle participe en 1956 à sa première exposition collective célébrant les trente ans d'activités de la ŁAD. Elle devient membre de l'Union des artistes polonais (ZPAP), ce qui lui permet d'obtenir le statut d'artiste professionnelle.

Cette même année 1956, elle épouse Jan Kosmowski et quitte son travail. En 1957, elle effectue un premier déplacement à l'étranger à l'occasion d'un voyage en Italie organisé par la ZPAP. Elle emménage avec son mari dans un studio de 18 m² (surface maximale autorisée par l'État pour deux personnes), rue Waszyngtona 30 à Varsovie.

En 1960, son exposition personnelle (peintures et textiles), programmée par le ministère de l'Art et de la Culture à la galerie Kordegarda, n'ouvre pas ses portes. Les autorités ont finalement jugé ses œuvres trop « formalistes », donc non conformes à l'idéal artistique visant à promouvoir le réalisme social.

Grâce à Maria Łaszkiewicz (1891-1981), doyenne des artistes tisserandes professionnelles, son nom est ajouté à la liste des artistes invités à représenter la Pologne à la 1ʳᵉ Biennale internationale de la tapisserie de Lausanne. Pour réaliser sa tapisserie, Łaszkiewicz lui propose d'utiliser un métier à tisser installé au sous-sol de son domicile, lieu baptisé « Atelier expérimental de l'Union des artistes polonais ». Elle y travaille jusqu'à l'obtention par le gouvernement d'un studio et logement pour son mari et elle-même.

1962-1966

Participation très remarquée à la 1ʳᵉ Biennale de la tapisserie de Lausanne en 1962 avec la tapisserie *Composition de formes blanches*. Sur place, elle rencontre Alice Pauli (1922-2022), Pierre Pauli (1916-1970) et Jean Lurçat (1892-1966). Le ministère de la Culture français lui octroie une bourse pour un séjour d'étude de trois mois (octobre-décembre) en France. Elle visite surtout les ateliers de tapisseries. Première exposition personnelle à la galerie Dautzenberg à Paris.

Pierre Pauli et le critique d'art lausannois André Kuenzi (1916-2005) se rendent en Pologne au printemps 1963 et visitent divers ateliers d'artistes pour préparer une grande exposition itinérante de 50 tapisseries polonaises, qui circulera les deux années suivantes dans de nombreuses villes européennes (Allemagne, Norvège, Suisse, Pays-Bas).

Expositions personnelles de tapisseries de l'artiste à la Galerie d'art moderne de Varsovie (1963) et à la galerie du Bureau central des expositions d'art Zachęta (1965). Son œuvre, à mi-chemin entre arts appliqués et beaux-arts, interpelle.

Le terme *Abakan* apparaît en 1964 sous la plume de la critique d'art Elżbieta Żmudzka pour évoquer les œuvres inclassables de l'artiste. Elle l'adoptera elle-même autour de 1966-1967.

Invitée à la 8ᵉ Biennale de São Paulo (1965) aux côtés de Jolanta Owidzka et Wojciech Sadley, elle présente cinq tapisseries de grandes dimensions portant des noms d'héroïnes historiques et engage Stefania Zgudka comme assistante pour les réaliser dans les temps. Elle gagne la médaille d'or dans la catégorie des arts appliqués, ce qui lui permet d'acheter avec son mari un logement dans un immeuble coopératif avec des ateliers au dernier étage, rue Stanów Zjednoczonych 16, où ils vivent jusqu'en 1989.

Elle participe en 1965 à la 2ᵉ Biennale de la tapisserie de Lausanne avec *Tapisserie 29 Desdemona*. À la suite du succès rencontré aux deux premières Biennales, elle tisse de nombreuses tapisseries de toutes tailles pour la vente et les expositions itinérantes. Son travail lui vaut une reconnaissance internationale en même temps qu'un statut d'artiste reconnue dans son pays natal.

Deux collages de l'artiste font partie de l'exposition de Noël 1965 à la galerie Alice Pauli à Lausanne. Elle participe la même année à la 1ʳᵉ Biennale des formes spatiales à Elbląg (Pologne) avec une sculpture de grande dimension en acier. Elle reçoit pour la première fois le Prix annuel du ministère de l'Art et de la Culture polonais et est nommée professeure à l'École supérieure des arts plastiques de Poznań, poste qu'elle conservera jusqu'à sa retraite en 1990.

1967 -1972

Elle est sélectionnée pour la 3ᵉ Biennale de la tapisserie de Lausanne (1967) avec *Assemblage noir II,* une pièce encore bidimensionnelle et murale mais d'une composition très innovante. Ses tapisseries se transforment bientôt en d'imposantes sculptures souples qui se déploient dans l'espace. Elle n'abandonne pas pour autant les œuvres tissées murales jusqu'au milieu des années 1980.

En 1967, Alice Pauli organise la première exposition personnelle de l'artiste en Suisse, qui sera suivie de dix autres jusqu'en 1985. La galeriste est très active dans la promotion de l'œuvre d'Abakanowicz en Suisse et dans toute l'Europe. Pierre Pauli, nommé conservateur du Musée des Arts décoratifs de Lausanne, est commissaire de l'exposition *La Tapisserie. De la conception à la réalisation.*

À l'occasion d'une exposition de tapisseries européennes (collection J.L. Hurschler), ses tapisseries circulent dans plusieurs villes américaines (1966-1967). Premier séjour aux États-Unis en 1968. Les expositions personnelles se succèdent dans de nombreux musées en Norvège, aux Pays-Bas et en Allemagne. L'exposition *Abakanowicz. Eine polnische*

Textilkünstlerin tenue en 1968 au Helmhaus de Zurich marque une étape cruciale avec l'apparition de plusieurs grandes œuvres spatiales tissées uniquement en sisal.

Des institutions prestigieuses comme le Museum of Modern Art de New York (*Wall Hangings*, 1969) et le Stedelijk Museum d'Amsterdam (*Perspectief in Textiel*, 1969) l'incluent dans leurs manifestations, cassant les catégories artistiques habituelles. Comme figure majeure du mouvement de la Nouvelle tapisserie, elle sera ensuite systématiquement représentée dans toutes les expositions collectives du mouvement.

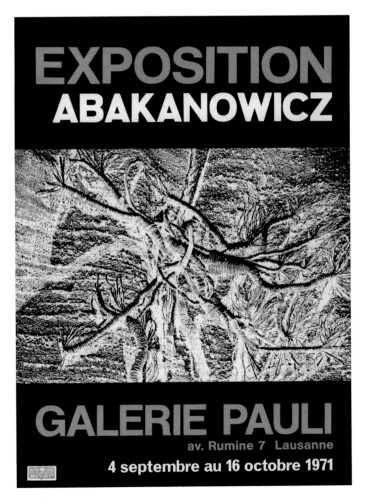

Fig. 56
Affiche exposition Abakanowicz
Galerie Alice Pauli, Lausanne, 1971

Elle participe à la 4ᵉ Biennale de la tapisserie de Lausanne de 1969 avec *Abakan rouge,* pièce spatiale de 4 mètres de diamètre, qui fait sensation. La Biennale est montrée au Mobilier national à Paris. *Abakan rouge* ne fait pas partie du voyage, réservé pour figurer dans un documentaire dédié à l'artiste. Le film *Abakany* est tourné par le réalisateur Jarosław Brzozowski à Łeba sur la côte de la mer Baltique, sur une musique expérimentale de Boguslaw Schäffer. Après le décès du réalisateur la même année, le film est terminé par Kazimierz Mucha et complété par des séquences tournées en atelier.

Alice Pauli organise une exposition présentant en parallèle des créations d'Abakanowicz et de Jagoda Buić ; une deuxième aura lieu en 1973. Pierre Pauli décède en décembre 1970, laissant les artistes des Biennales orphelins de leur soutien de toujours.

Au début des années 1970, importantes expositions monographiques à Södertälje et Stockholm, à Pasadena et Düsseldorf. Ses œuvres, tissages ou cordes, commencent à former des « environnements » qu'elle imagine et met personnellement en place en fonction de l'espace à disposition.

Première commande publique en 1970 pour le théâtre de l'Hôtel de ville de Bois-le-Duc (Pays-Bas), pour lequel elle produit avec des assistantes un gigantesque rideau tissé en sisal, laine, crin de cheval et corde (plus de 7 mètres de haut sur 22 mètres de long). L'opération de grande envergure est suivie par Alice Pauli.

En 1971, elle participe à la 5ᵉ Biennale de la tapisserie de Lausanne avec *Abakan - Situation variable.* La Biennale fait une deuxième étape à la Galerie nationale d'art Zachęta de Varsovie. Une version repensée de cette pièce est achetée par la Ville de Bienne pour son Palais des Congrès.

Une triennale de tapisseries artistiques et de textiles industriels s'ouvre en 1972 au Musée central des textiles de Łódź, transformée dès 1975 en Triennale internationale de la tapisserie. Elle participe aux éditions de 1972 et 1978. Elle donne des conférences aux symposiums Fiber as Medium au California College of Arts and Crafts (1971), et Fiberworks: Symposium on Contemporary Textile Art au Merritt College (1978), tous deux à Oakland.

En 1973, le critique lausannois André Kuenzi publie à Genève le livre *La Nouvelle Tapisserie*, premier ouvrage francophone consacré aux innovations dans la discipline. La même année, Mildred Constantine et Jack Lenor Larsen éditent *Beyond Craft: The Art Fabric* à New York.

Elle participe la même année à la 6ᵉ Biennale de la tapisserie de Lausanne avec *La Corde, ses pénétrations, sa situation dans l'espace*. Elle explore les possibilités de la corde dans des installations en extérieur à Édimbourg, Lausanne, Bristol et Bordeaux.

À la réception de son doctorat *honoris causa* au Royal College of Art en 1974, elle rencontre à Londres Artur Starewicz (1917-2014), ambassadeur de Pologne en Grande-Bretagne, qui devient après sa retraite en 1978 un ami intime et son photographe attitré.

Elle prend part à la 7ᵉ Biennale de la tapisserie de Lausanne en 1975 avec *Du cycle Altérations*. Sa nouvelle source d'inspiration est le corps humain et ses fragments. Les *Têtes* (1973-1975) sont formées à partir de sacs de jute et de corde de sisal ; *Figures assises* (1974-1984) et *Dos* (1976-1980) sont de fabrication semblable, sans têtes et en creux. Ces *Structures organiques* sont montrées en Angleterre, en Suède, en Norvège (actuel Henie Onstad Kunstsenter), et toujours à la galerie Pauli.

À l'occasion d'expositions à Sydney et Melbourne en 1976, elle voyage en Australie et en Papouasie-Nouvelle-Guinée, puis en Indonésie et en Thaïlande, et finalement au Japon.

Elle participe à la 8ᵉ Biennale de la tapisserie de Lausanne en 1977 avec *Portraits* ou *Session du cycle Altérations*. La même année, elle prend part à l'inauguration du Musée national d'Art moderne Centre Pompidou, Paris, dans le cadre du projet *La Boutique aberrante du Musée sentimental* imaginé par l'artiste suisse Daniel Spoerri. Elle y propose quatre œuvres uniques (*Du cycle Décision*), ainsi qu'un enregistrement sonore, vendu en multiple sur cassette audio.

En 1979, elle participe à la 9ᵉ Biennale de la tapisserie de Lausanne avec *Pour Contemplation*, un ensemble constitué de la répétition d'une même forme noire et souple suspendue dans l'espace.

Sous la direction d'Erika Billeter, le Kunsthaus Zürich ouvre, fin 1979, l'exposition *Weich und Plastisch Soft-Art,* inspirée d'une conversation entre l'artiste et la directrice (1974). Les premières 200 pièces de la série *Embryologie* (1978-1981), en forme d'œufs, y sont réalisées en jute et en chanvre. Ce premier groupe est montré à la Biennale de Venise de 1980 dans le pavillon polonais (800 pièces) et un second groupe réuni pour sa rétrospective au Musée d'Art moderne de la Ville de Paris (1982).

À la création de l'Association Pierre Pauli en 1979, elle fait don d'*Abakan étroit.* Des liens profonds d'amitié unissent l'artiste aux collectionneurs Pierre Magnenat (1924-2009) et son épouse Marguerite, tout comme aux critiques d'art Jean-Luc Daval à Genève et Pierre Restany à Paris. Elle est également proche d'Olivier Pauli (1955-1994), fils d'Alice et de Pierre Pauli.

Fondation du syndicat Solidarność en 1980 par Lech Wałęsa et Anna Walentynowicz en opposition au régime communiste. En réponse aux nombreuses grèves, le général Jaruzelski impose l'état de guerre et la loi martiale jusqu'en 1983. Membre du syndicat, Jan Kosmowski perd son poste de directeur du développement industriel. Il s'investit dans la carrière de sa femme et, en compagnie d'Artur Starewicz, la seconde lors de ses voyages. Envoi de nombreuses œuvres à la galerie Alice Pauli pour les mettre à l'abri de l'instabilité politique en Pologne.

À l'initiative de l'historienne de l'art Kuniko Lucy Kato et après un premier voyage de l'artiste sur place, l'Abakano-Kai Foundation voit le jour au Japon (1982). Sur le conseil de Jean-Luc Daval, Abakanowicz exécute des dessins de grand format. La galerie Jeanne Bucher à Paris consacre une première exposition aux seules œuvres papier (1982).

1983-1989

Organisée par le Museum of Contemporary Art de Chicago sous le commissariat de Mary Jane Jacob, l'importante rétrospective itinérante consacrée à l'artiste lui ouvre les portes de la renommée aux États-Unis (huit grandes villes entre 1982 et 1984). Elle travaille avec la galerie Xavier Fourcade à New York (1985-1987), puis avec la galerie Marlborough à New York et Londres de 1988 jusqu'à son décès. Sa collaboration avec la galerie Alice Pauli prend fin.

À la 12e Biennale de Lausanne de 1985, son œuvre *Androgyn* est présentée hors concours. L'artiste américaine Claire Zeisler et Abakanowicz participent à la manifestation à titre honorifique pour avoir élevé l'art textile au rang de sculpture au tournant des années 1960.

Elle obtient des premières commandes publiques et privées pour des projets en plein air. Elle s'initie à la fonte de métal avec le sculpteur George Greenamyer dans le Massachusetts (1983) puis à Los Angeles, où elle est professeure invitée et artiste en résidence à l'Université de Californie. Invitée par le collectionneur Giuliano Gori, elle installe *Catharsis* (1985), environnement constitué de 33 grandes figures de bronze (270 x 100 x 50 cm chacune), creuses et sans tête, dans la propriété de la Fattoria di Celle, Santomato di Pistoia (Italie). Chaque moule, unique, est produit sur place à la main par l'artiste.

Début de la série des *Foules* (1985-2008), groupes de personnages sans tête, qui se déclinent en nombres, en dimensions et en sous-ensembles tels *Ragazzi, Infantes, Puellae, Backwards Standing, Standing Figures, Hurma.*

Elle exécute en taille directe des installations permanentes, entre autres *Negev* pour le parc du Musée d'Israël à Jérusalem (1987) et *Space of Dragon* pour celui des Jeux olympiques de Séoul (1988). Elle privilégie la sculpture en métal ou en pierre au textile, même si elle travaille chaque matériau en parallèle, comme dans la série *Incarnations* (1986-2008) et *Portraits anonymes* (1985-2008). Elle utilise également des troncs d'arbres dans la série *Jeux de guerre* (1987-1995), initiée dans la région des lacs de Mazurie (Pologne).

Chute du régime communiste en Pologne. Lech Wałęsa est le premier président de Pologne élu de manière démocratique (1990). Le couple déménage dans un quartier au sud de Varsovie. De 1956 à 1989, l'œuvre d'Abakanowicz a été présentée en Pologne dans plus de 50 expositions collectives et 12 expositions monographiques.

1990-2006

En 1991, elle fait partie des quatre finalistes du projet de réaménagement de l'axe historique menant au quartier de La Défense à Paris, avec *Bois de Nanterre* (série *Architecture arboréale*). Quarante *Dos* en bronze sont fabriqués pour le Musée d'Art contemporain de la Ville d'Hiroshima (1993).

De grandes rétrospectives sont organisées dans de nombreux pays en Europe et aux États-Unis. Son travail est récompensé par de très nombreuses distinctions honorifiques en Pologne, aux États-Unis, en France, en Allemagne, en Italie. Barbara Rose publie la première biographie de l'artiste (*Magdalena Abakanowicz,* New York, 1994).

En 2000, l'artiste et son mari constituent une fondation caritative, Abakanowicz Arts and Culture Charitable Foundation. À Lausanne, l'Association Pierre Pauli est dissoute et les œuvres données à l'État de Vaud en 1996. Elles rejoignent la collection Toms à la création de la Fondation Toms Pauli (2000). En 2005, Pierre et Marguerite Magnenat font don à la fondation de leur collection d'art textile, qui comprend 33 œuvres d'Abakanowicz.

Agora, son dernier et monumental environnement constitué de 106 grands personnages en fonte, est mis en place au Grant Park de Chicago (2006).

2007- 2017

La Fondation Marta Magdalena Abakanowicz-Kosmowska et Jan Kosmowski est établie en Pologne en 2007 pour mettre en valeur son patrimoine artistique. Les éditions Skira à Milan publient son autobiographie *Fate and Art* (2008). Sa correspondance, qui comprend ses échanges avec des acteurs suisses, est éditée par Mary Jane Jacob et Jenny Dally dans *Writings and Conversations* (2022).

L'exposition WACK! *Art and the Feminist Revolution* organisée en 2008 par le Museum of Contemporary Art de Los Angeles met en avant son travail comme faisant partie du mouvement féministe, – ce que l'artiste réfute. En 2009, l'iconique *Abakan rouge,* présenté à Lausanne en 1969, l'*Abakan orange* de 1971 et une importante série, *Embryologie,* entrent dans la collection de la Tate à Londres. Les expositions rétrospectives se multiplient, entre autres à Madrid, Valence, Milan, Düsseldorf, Cracovie, Varsovie.

Magdalena Abakanowicz décède le 20 avril 2017 à Varsovie, des suites de la maladie d'Alzheimer. Jan Kosmowski meurt un an après elle.

Marta Kowalewska conçoit au Musée central des textiles de Łódź une grande exposition honorant l'œuvre de l'artiste. *Magdalena Abakanowicz Metamorfizm* (2018) comprend, dans son 2e volet, 24 œuvres de la Fondation Toms Pauli. L'Université des Arts de Poznań porte désormais le nom de l'artiste.

Expositions en Suisse

1962

1re Biennale internationale de la tapisserie,
Musée cantonal des Beaux-Arts, Lausanne,
16.06-17.09

1965

2e Biennale internationale de la tapisserie,
Musée cantonal des Beaux-Arts, Lausanne,
18.06-26.09

Neue polnische Bildteppiche,
Kunstmuseum St. Gallen, Saint-Gall,
30.05-18.07

Exposition de Noël. Jeune peinture
(pour jeunes collectionneurs),
Galerie Alice Pauli, Lausanne,
04.12.1965-15.01.1966

1967

3e Biennale internationale de la tapisserie,
Musée cantonal des Beaux-Arts, Lausanne,
10.06-01.10

Magdalena Abakanowicz. Tapisseries,
Galerie Alice Pauli, Lausanne,
14.07-19.08

La Tapisserie. De la conception à la réalisation,
Musée des arts décoratifs, Lausanne,
11.06-01.10

Art polonais contemporain :
peinture, tapisserie, affiches, gravures,
Musée des Beaux-Arts, La Chaux-de-Fonds
et Le Locle, 06.05-04.06

1968

Abakanowicz. Eine Polnische Textilkünstlerin,
Helmhaus, Zürcher Kunstgesellschaft, Zurich,
10.08-08.09

1969

4e Biennale internationale de la tapisserie,
Musée cantonal des Beaux-Arts, Lausanne,
13.06-28.09

Abakanowicz – Jagoda Buić,
Galerie Alice Pauli, Lausanne,
04.09-11.10

1970

Neuerwerbungen aus den letzten Jahren,
Sammlung des Kunstgewerbemuseums Zürich,
Museum Bellerive, Zurich,
07.11.1970-31.01.1971

1971

5e Biennale internationale de la tapisserie,
Musée cantonal des Beaux-Arts, Lausanne,
18.06-03.10

Magdalena Abakanowicz (œuvres récentes),
Galerie Alice Pauli, Lausanne, 04.09-16.10

1972

Pologne. Théâtre et Société,
Musée d'ethnographie, Neuchâtel,
18.06-31.12

1973

6e Biennale internationale de la tapisserie,
Musée cantonal des Beaux-Arts, Lausanne,
16.06-30.09

Magdalena Abakanowicz Jagoda Buić.
textilreliefs,
Galerie Alice Pauli, Lausanne,
14.06-31.07

1975

7e Biennale internationale de la tapisserie,
Musée cantonal des Beaux-Arts, Lausanne,
14.06-28.09

*Abakanowicz. Structures tissées murales
et spatiales et formes organiques,*
Galerie Alice Pauli, Lausanne,
19.09-31.10

1977

8e Biennale internationale de la tapisserie,
Musée cantonal des Beaux-Arts, Lausanne,
04.06-25.09

*Magdalena Abakanowicz. Formes tissées
murales, spatiales et organiques,*
Galerie Alice Pauli, Lausanne,
02.06-16.07

1979

9e Biennale internationale de la tapisserie,
Musée cantonal des Beaux-Arts, Lausanne,
16.06-30.09

*Magdalena Abakanowicz. Rétrospective.
Structures murales et tridimensionnelles
et sculptures organiques,*
Galerie Alice Pauli, Lausanne,
14.06-31.07

Structures murales et tapisseries (Abakanowicz,
Buić, Giauque, Łaszkiewicz, Rousseau-Vermette,
Sadley, Lurçat, Delaunay),
Galerie Alice Pauli, Lausanne,
13.08-30.09

Weich und Plastisch Soft-Art,
Kunsthaus Zürich, Zurich
16.11.1979-04.02.1980

1980

Exposition nouvelles acquisitions,
Galerie Alice Pauli, Lausanne,
s. d.-31.03

1981

Magdalena Abakanowicz (œuvres récentes),
Galerie Alice Pauli, Lausanne,
17.06-30.09

1982

*Magdalena Abakanowicz.
Structures murales tissées 1967-1982,*
Galerie Alice Pauli, Lausanne,
19.03-17.04

*Art textile contemporain.
Collection de l'Association Pierre Pauli,*
Musée des arts décoratifs, Lausanne,
03.12.1982-30.01.1983

1983

*Magdalena Abakanowicz. Peintures,
dessins, sculptures du cycle « Syndrome »,*
Galerie Alice Pauli, Lausanne,
09.06-30.07

1984

*Sélection 1984. Peintures Sculptures
Tapisseries,* Galerie Alice Pauli, Lausanne,
01.09-29.09

1985

12e Biennale internationale de la tapisserie,
Sculpture textile,
Musée cantonal des Beaux-Arts, Lausanne,
15.06-16.09

*Magdalena Abakanowicz. Sculptures et dessins
du cycle «Au sujet de l'homme»* (œuvres récentes),
Galerie Alice Pauli, Lausanne,
13.06-15.09

Exposition d'œuvres de l'Association Pierre Pauli,
CHUV, Lausanne,
03-30.09

1988

*Inkarnationen. Magdalena Abakanowicz
et War Games. Magdalena Abakanowicz,*
Galerie Turske & Turske, Zurich,
09.08-17.09

1991

Un regard atlantique : Europe Amérique,
Galerie Alice Pauli, Lausanne,
30.05-27.07

Fig. 59
1ʳᵉ Biennale de la tapisserie de Lausanne,
Palais de Rumine, 1962
A. Kierzkowska, M. Abakanowicz,
K. Wojtyna-Drouet

Fig. 60
Vernissage, 4ᵉ Biennale de la tapisserie
de Lausanne, 1969

1995

16ᵉ Biennale internationale de Lausanne,
Textile et art contemporain,
Fondation Asher Edelman –
Musée d'art contemporain, Pully,
17.06-03.09

2000

Art textile contemporain.
Collection de l'Association Pierre Pauli,
Espace Arlaud, Lausanne,
06.07-27.08

2003

me&more,
Kunstmuseum Luzern, Lucerne,
09.08-23.11

2004

Magdalena Abakanowicz.
Situation variable,
Centre d'art Pasquart, Bienne,
16.05-06.06

Magdalena Abakanowicz:
Skulpturen im Aussenraum,
Museum Franz Gertsch, Burgdorf,
10.07.2004-20.04.2005

2010

Donation Line et Jean-Philippe Racine,
Musée d'art du Valais, Sion,
29.05-24.10

2014

Trop humain. Artistes des XXᵉ et XXIᵉ siècles
devant la souffrance,
Musée d'art moderne et contemporain
et Musée international de la Croix-Rouge
et du Croissant-Rouge, Genève,
07.05.2014-04.01.2015

2015

Magdalena Abakanowicz. Territoires
organiques. Collection Fondation Toms Pauli,
Espace Arlaud, Lausanne,
05.06-14.06

2016

Tapisseries nomades. Fondation Toms Pauli.
Collection XXᵉ siècle,
Musée cantonal des Beaux-Arts, Lausanne,
25.03-29.05

2019

Atlas,
Musée cantonal des Beaux-Arts, Lausanne,
05.10.2019-16.02.2020

Chi va piano. Slow art avec les collections,
Musée d'art du Valais, Sion,
18.05-10.11

2020

Destination Collection,
Pénitencier (Musée d'art du Valais), Sion,
06.06.2020-10.01.2021

My Pleasure! Donations, etc. 2000-2020,
Musée d'art du Valais, Sion,
28.11.2020-07.11.2021

2021

Magdalena Abakanowicz. Abakan rouge III,
Espace Focus, Musée international de la
Croix-Rouge et du Croissant-Rouge, Genève,
21.10.2021-25.04.2022

2022

Textiler Garten,
Museum für Gestaltung Zürich, Zurich,
15.07-30.10

Fig. 61
Atelier de l'artiste, Varsovie, vers 1985

Liste d'œuvres

Magdalena Abakanowicz. Territoires textiles
Musée cantonal des Beaux-Arts de Lausanne
23 juin - 24 septembre 2023

N° 1 Projet pour la couverture du livre *Tkanina polska (Textiles polonais)*, 1952
Mine de plomb sur papier
14,5 × 16 cm
Collection privée

N° 2 Set de cartes perforées pour métier à tisser Jacquard
Projet pour la couverture du livre *Tkanina polska (Textiles polonais)*, vers 1959
80 cartes de 43 × 6 cm
Collection privée

N° 3 *Tkanina polska (Textiles polonais)*, 1959
Édité par Ksawery Piwocki (Arkady, Varsovie, 1959)
Couverture du livre en tissu
29,7 × 22 × 3 cm
Collection Cezary Lisowski
Design Archives Foundation

N° 4 *Composition*, 1960
Tissu avec plante blanche
Gouache sur toile
280 × 140 cm
Musée central des textiles, Łódź

N° 5 *Les Formes bleues*, 1960
Laine et coton
97 × 78 cm
Fondation Toms Pauli, Lausanne
Donation Alice Pauli

N° 6 *Composition texture en blanc*, 1961-1962
Blanc
Sisal et coton
164 × 106 cm
Collection ASOM

N° 7 Modèle pour *Tapisserie 21 brune*, 1963
Encre et gouache, collage de papiers découpés
19 × 39,5 cm
Collection privée

N° 8 *Tapisserie 21 brune*, 1963
Laine
150 × 295 cm
Fondation Marta Magdalena Abakanowicz-Kosmowska et Jan Kosmowski

N° 9 *Soleil*, 1963
Textile bleu marine et noir
La Construction noire
Laine, coton et soie artificielle
152 × 211 cm
Musée central des textiles, Łódź

N° 10 Projet pour la tapisserie *Teresa*, 1963
Gouache, collage de papiers découpés
39 × 55 cm
Musée central des textiles, Łódź
Donation des directeurs de l'Abakanowicz Arts and Culture Charitable Foundation

N° 11   *Helena*, 1964-1965
Laine, coton, sisal et crin de cheval
300 × 480 cm
Galerie Marlborough, New York

N° 12   Sans titre, 1965
Encre et gouache, collage de papiers
découpés
50 × 70 cm
Fondation Toms Pauli, Lausanne
Donation Pierre et Marguerite Magnenat

N° 13   Sans titre, 1965
Encre et gouache, collage de papiers
découpés
50 × 70,5 cm
Fondation Toms Pauli, Lausanne
Donation Pierre et Marguerite Magnenat

N° 14   Sans titre, 1965
Encre et gouache, collage de papiers
découpés
50 × 69,5 cm
Fondation Toms Pauli, Lausanne
Donation Pierre et Marguerite Magnenat

N° 15   *Desdemona*, 1965
Desdemona 29
Laine, sisal, coton, soie artificielle et
crin de cheval
300 × 410 cm
Musée central des textiles, Łódź

N° 16   *Assemblage noir*, 1966
Assemblage III, Ovale
Sisal, laine, chanvre et crin de cheval
300 × 220 cm
Musée des Beaux-Arts, La Chaux-de-
Fonds

N° 17   *Noir*, 1966
Sisal, corde et crin de cheval
300 × 156 cm
Art Institute, Chicago

N° 18   *Abakan étroit*, 1967-1968
Abakan Madrid
Sisal et laine
320 × 100 × 100 cm
Fondation Toms Pauli, Lausanne
Donation Association Pierre Pauli

N° 19   *Abakan rond*, 1967-1968
Sisal
340 × 150 × 100 cm
Musée national, Wrocław

N° 20   *Abakan vert*, 1967-1968
Sisal
260 × 60 × 30 cm
Collection privée, Varsovie

N° 21   *Abakan 29*, 1967-1968
Sisal et laine
210 × 210 × 40 cm
Fondation Toms Pauli, Lausanne

N° 22   *Manteau brun*, 1968
Abakan brun
Sisal
300 × 180 × 60 cm
Collection Henie Onstad
Henie Onstad Kunstsenter, Høvikodden

N° 23   *Abakan orange*, 1968
Robe baroque
Sisal
360 × 360 × 45 cm
Musée national, Stockholm

N° 24   *Abakan rouge*, 1969
Sisal
405 × 382 × 400 cm
Tate, Londres

N° 25   *Abakan brun*, 1969
Sisal
300 × 300 × 150 cm
Röhsska museet, Göteborg

N° 26   *Abakan jaune*, 1970
Abakan jaune avec cordes
Sisal et corde
380 × 380 × 70 cm
Musée national, Poznań

N° 27   *Turquoise*, 1970
Sisal
110 × 80 × 30 cm
Fondation Toms Pauli, Lausanne
Donation Pierre et Marguerite Magnenat

N° 28   *Abakan rouge III*, 1970-1971
Sisal
300 × 300 × 45 cm
Fondation Toms Pauli, Lausanne
Donation Pierre et Marguerite
Magnenat

N° 29   *Abakan orange*, 1971
Sisal
401 × 290 × 370 cm
Tate, Londres

N° 30   *Abakan – Situation variable II*, 1971
Sisal et corde
400 × 250 × 100 cm
Collection d'art de la Ville de Bienne

N° 31   Sans titre, 1971
Encre sur papier
50,5 × 73 cm
Fondation Toms Pauli, Lausanne
Donation Alice Pauli

N° 32   Sans titre, 1971
Encre sur papier
53 × 70 cm
Fondation Toms Pauli, Lausanne
Donation Alice Pauli

N° 33   *Abakan janvier-février*, 1972
Sisal
330 × 325 × 55 cm
Musée national, Wrocław

N° 34   *Le Cadre du portrait*, 1972
Sisal, laine et fibres synthétiques
110 × 110 × 30 cm
Fondation Toms Pauli, Lausanne
Donation Pierre et Marguerite Magnenat

N° 35   *Rectangle avec ouverture ronde*, 1973
Sisal
108 × 144 × 30 cm
Fondation Toms Pauli, Lausanne
Donation Pierre et Marguerite Magnenat

N° 36   *Tête*, 1974
Toile de jute et résine
90 × 64 × 60 cm
Fondation Toms Pauli, Lausanne
Donation Pierre et Marguerite Magnenat

N° 37   *Boule noire*, 1975
Boule
Sisal
140 × 110 × 100 cm
Collection privée, Varsovie

N° 38   *La Main*, 1975
Petit objet
Sisal
12 × 21 × 16 cm
Fondation Toms Pauli, Lausanne
Donation Pierre et Marguerite Magnenat

N° 39   *Tête*, 1976
Visage, Le Centre
Sisal
30 × 12 × 12 cm
Collection Henie Onstad
Henie Onstad Kunstsenter, Høvikodden

N° 40   *Le Centre*, 1976
Visage
Lin et résine
10 × 26 × 15 cm
Fondation Toms Pauli, Lausanne
Donation Pierre et Marguerite Magnenat

N° 41   *Le Centre*, 1976
Visage, Tête
Lin et résine
13,5 × 22 × 8 cm
Collection privée

N° 42   *Paysage I - VI*, 1976-1977
Toile de jute et résine
Env. 145 × 60 × 15 cm chacun
Fondation Toms Pauli, Lausanne
Donation Pierre et Marguerite Magnenat
Musée cantonal des Beaux-Arts, Lausanne

N° 43   Sans titre, 1978
Encre et mine de plomb sur papier
47 × 30,5 cm
Fondation Toms Pauli, Lausanne
Donation Alice Pauli

N° 44   Sans titre (création murale pour Alice
Pauli), 1979-1980
Sisal et lin
360 × 700 cm pour les 5 éléments
Fondation Toms Pauli, Lausanne
Donation Alice Pauli

N° 45   *Embryologie*, 1981
Encre et mine de plomb sur papier
63,5 × 49 cm
Fondation Toms Pauli, Lausanne
Donation Pierre et Marguerite
Magnenat

N° 46   *Embryologie*, 1981
Encre, fusain et mine de plomb sur
papier
48,5 × 63 cm
Fondation Toms Pauli, Lausanne
Donation Pierre et Marguerite
Magnenat

N° 47   *Embryologie*, 1981
Encre sur papier
49 × 63 cm
Fondation Toms Pauli, Lausanne
Donation Pierre et Marguerite
Magnenat

N° 48   *Embryologie*, 1981
Encre et fusain sur papier
63 × 49 cm
Fondation Toms Pauli, Lausanne
Donation Pierre et Marguerite Magnenat

N° 49   *Embryologie*, 1981
Encre sur papier
65 × 49,5 cm
Fondation Toms Pauli, Lausanne
Donation Pierre et Marguerite Magnenat

N° 50   *Grande Fleur*, 1981
Sisal et lin
374 × 300 cm
Fondation Toms Pauli, Lausanne

N° 51   *Dos*, 1976-1982
Figure dorsale, Épaule vide
Toile de jute et résine
69 × 64 × 62 cm
Fondation Toms Pauli, Lausanne
Donation Pierre et Marguerite Magnenat

N° 52   *Dos*, 1976-1982
Figure dorsale, Épaule vide
Toile de jute et résine
73 × 64 × 62 cm
Fondation Toms Pauli, Lausanne
Donation Pierre et Marguerite Magnenat

N° 53   *Dos*, 1976-1980
Toile de jute et résine
15 pièces, env. 66 × 58 × 68 cm chacune
Tate, Londres

N° 54   *Personnage debout*, 1983
Le Personnage
Toile de jute, résine et bois
185 × 75 × 30 cm
Fondation Toms Pauli, Lausanne
Donation Pierre et Marguerite Magnenat

N° 55   *Portrait anonyme (N° 6)*, 1985
Toile de coton, résine, bois
68 × 30 × 22 cm
Musée cantonal des Beaux-Arts, Lausanne

N° 56   *Portrait anonyme (N° 1)*, 1985-1986
Toile de coton, résine et bois
65 × 20 × 20 cm
Collection Jean-Luc Daval

N° 57   *Portrait anonyme*, 1985-1987
Toile de coton, résine et bois
64 × 24 × 21 cm
Fondation Toms Pauli, Lausanne
Donation Pierre et Marguerite Magnenat

N° 58   *Portrait anonyme*, 1985-1987
Toile de coton, résine et bois
62 × 17 × 11,5 cm
Fondation Toms Pauli, Lausanne
Donation Pierre et Marguerite
Magnenat

Œuvre supplémentaire
Jarosław Brzozowski et Kazimierz
Mucha
Abakany (Abakans), 1970
Film couleur 35 mm transféré
en digital, 13' 5''
WFO (Wytwornia Filmow
Oświatowych), 1970

Impressum

Publié par la Fondation Toms Pauli
Sous la direction de Magali Junet
et Giselle Eberhard Cotton

Textes
Giselle Eberhard Cotton
Ann Coxon et Mary Jane Jacob
Magali Junet
Marta Kowalewska

Les articles *Histoire d'un lien* de Magali Junet
et *Sculpter l'espace* de Marta Kowalewska sont
des versions revues et complétées de textes
publiés à l'origine en polonais et en anglais
dans le catalogue d'exposition *Abakanowicz
Metamorfizm*, sous la dir. de Marta Kowalewska,
Musée central des textiles de Łódź, 2018.

Traduction
Till Zimmermann (de l'anglais)
Kamil Barbarski (du polonais)

Relecture
Myriam Ochoa-Suel

Correctorat
Valentine Meunier

Graphisme
Atelier Valenthier, Camille Sauthier, Penthalaz

Photogravure
Datatype S.A., Roger Emmenegger, Lausanne

Impression
Druckerei Odermatt AG, Dallenwil

Reliure
Bubu AG, Mönchaltdorf

Verlag Scheidegger & Spiess
Niederdorfstrasse 54
8001 Zurich
Suisse
www.scheidegger-spiess.ch

La maison d'édition Scheidegger & Spiess
bénéficie d'un soutien structurel de l'Office
fédéral de la culture pour les années 2021-2024.

ISBN 978-3-85881-891-1

Cette publication paraît à l'occasion de
l'exposition *Magdalena Abakanowicz. Territoires
textiles* au Musée cantonal des Beaux-Arts
de Lausanne, du 23 juin au 24 septembre 2023.

Exposition organisée en partenariat entre la Tate
Modern, Londres, la Fondation Toms Pauli et
le Musée cantonal des Beaux-Arts/Plateforme 10,
Lausanne, et le Henie Onstad Kunstsenter,
Høvikodden

Tate Modern, Londres
17 novembre 2022 – 21 mai 2023
Musée cantonal des Beaux-Arts, Lausanne
23 juin – 24 septembre 2023
Henie Onstad Kunstsenter, Høvikodden
26 octobre 2023 – 25 février 2024

Cette publication a été rendue possible
grâce au généreux soutien du Canton de Vaud
et de la Fondation Art et Vie.